La Route des
VINS

PARCOU

D0531195

Région
Brome-Missisquoi
Cantons-de-l'Est

Vieilli en fûts de chêne
l montre un équilibre
ressionnant dans sa va
alette de saveurs.Vieilli
n lelle de saveurs. Vieil
n fûts e saveurs. Viei e

LES ÉDITIONS
LA PRESSE

Éditrice déléguée
SYLVIE LATOUR

Direction artistique et design graphique
FRANCE GAGNON

Révision
KARINE BILODEAU

L'éditeur bénéficie du soutien de la Société de développement des entreprises culturelles du Québec (SODEC) pour son programme d'édition et pour ses activités de promotion.

L'éditeur remercie le gouvernement du Québec de l'aide financière accordée à l'édition de cet ouvrage par l'entremise du Programme de crédit d'impôt pour l'édition de livres, administré par la SODEC.

Nous reconnaissons l'aide financière du gouvernement du Canada par l'entremise du Programme d'aide au développement de l'industrie de l'édition (PADIÉ) pour nos activités d'édition.

Dépôt légal – 1er trimestre 2010
ISBN 978-2-923681-31-3
Imprimé et relié au Canada

LES ÉDITIONS
LA PRESSE

Président
André Provencher

Les Éditions La Presse
7, rue Saint-Jacques
Montréal (Québec)
H2Y 1K9

Catalogage avant publication de Bibliothèque et Archives nationales du Québec et Bibliothèque et Archives Canada

Saine, Janine

La route des vins : région Brome-Missisquoi : Cantons-de-l'Est

Comprend un index.

ISBN 978-2-923681-31-3

1. Vignobles - Québec (Province) - Brome-Missisquoi - Guides.
2. Vin - Québec (Province) - Brome-Missisquoi.
3. Brome-Missisquoi (Québec) - Guides. I. Titre.

TP559.C3S24 2010   663'.200971462   C2010-940381-9

Les crédits sont accordés suivant l'ordre numérique identifié sur chaque photo.

Clovis Durand : 2-3-6-7-11-15-17-19-20-21-22-25-27-34-35-36-39-40-47-52-54-62-63-64-68-70-76-77-78-81-85-86-93-101-108-109-111-115-121-122-132-134-136-137-139-141-150-155-158-174-175-176-178-182-191-197-199-200-210-211-215-216-217-223-224-234-242-243-258-259-261-264-265-266-267-270-271-272-273 — Janine Saine : 8-13-14-16-23-24-28-29-37-38-41-42-43-44-46-49-50-51-53-55-56-57-65-66-69-73-74-75-79-80-83-84-88-89-90-91-92-94-96-102-103-104-105-106-107-116-117-118-119-120-123-124-131-135-140-146-149-151-152-153-154-177-179-180-181-183-192-193-194-195-196-198-201-202-203-204-209-212-213-214-219-220-221-222-229-231-233-238-239-241-247-252-254-255-256-257-260-268-269-274-275-276-277-279-285-287-288 — France Gagnon : 18-45-48-67-82-87-95-97-99-110-127-144-156-157-171-173-205-207-208-225-244 — Anne Villeneuve Miss Illustrations : 9-160-couvert 3 — Tourisme Cantons-de-l'Est : 10-248 — Tourisme Brome-Missisquoi : 4-30-32-33-59-100-114-129-130-143-172-184-185-187-188-206 — Michel Viala : 5-60 — Ville de Dunham : 12-142-145 — Fromagerie Les Cantons : 31 — Le 8e Ciel : 58 — Richard de Chantal : 61 — Domaine de Dunham : 98 — La Société d'Histoire et de Patrimoine de Frelighsburg — Myriam Gaumond : 112 — Au Chant de l'Onde : 113 — Cidrerie Domaine Pinnacle : 125 — La Girondine : 126 — Mattew Farfan : 128 — Érablière Hilltop : 143 — Brasseurs et Frères : 147-148 — Chocolat Colombe : 160 — Rumeur Affamée : 161 — La Savonnerie : 162 — Alain Roy : 163 — Au fil du temps : 164 — Antiquité G. Chamberland : 165 — Brûlerie Ancestrale : 166-167 — Jean Villeuve : 168 — Naomie Pearl : 169 — Savoir Fer : 170 — Musée Bruck : 186 — Véronique Tremblay, La Voie de l'Est : 189 — Confiserie Hansel et Gretel : 190 — Ville de Cowansville : 194 — Bleuetière Les Delisle : 227 — Perimage : 228 — Stéphane Lemire : 230 — Balnéa Spa : 232 — Canoë & Co François Turcotte : 249 — Outdoor Lodge, Stephen Giesler : 250 — Boulangerie Owl's Bread : 251 — Claude Cinq-Mars : 262 — Mont Sutton : 263-289 — Galerie Knowlton : 278 — Parc Coldbrook : 280 — Café Bistro L'Épicurieux : 281 — Blair McDougall : 282 — Agur Galerie-Restaurant : 283 — Canards de Lac Brome : 285 — Joie de Lavande : 286 — Club de Golf Château Bromont : 290 — Vignoble Les Pervenches : 26 — Vignoble de L'Orpailleur : 1-71-72 — Val Caudalies : 133-138 — Vignoble Clos Ste-Croix : 159 — Vignoble La Mission : 218-226 — Chapelle Ste-Agnès : 235-236-237-240-245-246 — Domaine Bresee : 253 Couverture 1 : Vignoble : JS - Grange : Nuance Photo Bouchons liège : FG — Raisins et Wapiti : RDC - Rabat : vignoble : JS

*Quand tu bois du vin,
pense à la terre.*

Proverbe oriental

78 **112**

TABLE DES MATIÈRES

23

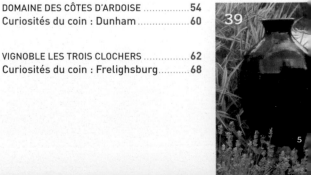

39

5

96

Ce guide de la Route des Vins a pu être réalisé grâce au soutien et la générosité de plusieurs intervenants.

Je cite tout d'abord le Pacte rural de la MRC (Municipalité régionale de comté) de Brome-Missisquoi et le CLD (Centre local de développement), ainsi que Tourisme Cantons-de-l'Est, Tourisme Brome-Missisquoi et la ville de Dunham qui, dès le début de ce projet, nous ont donné leur appui en collaborant activement à la réalisation de ce guide.

Toute ma gratitude à Sibylla Hesse, à la famille Rainville dont Denise, Jean-Marie et Jonathan, propriétaires de la ferme maraîchère Le Terroir, à Marie-Josée Potvin et Pierre Cormier de l'Érablière Le Murmure du Printemps, Gisèle LaRocque et Claude Girard du Domaine de Dunham et le comité d'exposition « nature et création » pour leur généreux soutien à ce projet de guide.

Merci vivement à Chantal Raymond et à William Dufort de m'avoir véhiculée, mais surtout encouragée au cours de cette aventure œnotouristique. Mes chaleureuses salutations à Claudine Paris pour son hospitalité à Stanbridge East, à Andrée Potter et à Pascal Patron pour leurs précieuses sources d'informations et à Clovis Durand pour l'originalité de ses photos.

Également, je salue le talent, l'énergie et la ténacité de la directrice artistique et designer graphique, France Gagnon de Dunham, avec qui j'ai fait étroitement équipe et sans qui ce projet n'aurait jamais pu se réaliser tel quel.

Je remercie personnellement mes filles Noémie et Florence d'avoir participé intensément aux recherches sur les curiosités régionales.

Enfin, je lève mon verre à tous les œnophiles de la planète qui auront le plaisir de découvrir notre première route des vins, celle de Brome-Missisquoi.

À tous les vignerons et vigneronnes de Brome-Missisquoi et à leur passion vitivinicole

Au cours des 30 dernières années, j'ai eu l'occasion de voir évoluer la Route des vins de Brome-Missisquoi, devenue aujourd'hui très florissante. Je vous invite à la découverte de ses chemins ondulés et de ses 17 domaines vinicoles regroupés autour de villages réputés autant pour leur charme que pour leur intérêt historique.

Dans ce guide, je vous présente les particularités des cépages, l'histoire de chacun de ces vignerons, les modes de viticulture et de vinification qu'ils utilisent et enfin la gamme de leurs produits. Aussi téméraires que tenaces et surtout habités par une grande passion vinicole, ces hommes et ces femmes ont prouvé au cours de la dernière décennie que la viticulture de cette région avait une « mission ». Malgré un climat capricieux, une saison courte qui limite souvent le choix des cépages et également un savoir-faire encore à l'état expérimental, plusieurs vins de cette région ont été primés au cours des dernières années lors de concours nationaux et internationaux.

En suivant l'itinéraire de 140 km autour de 12 municipalités, vous aurez la chance de rencontrer des créateurs, des artisans, des éleveurs, des fermiers, des aubergistes, des restaurateurs, etc., qui gravitent autour de ces vignobles et qui contribuent à l'art de vivre de cette région.

Je vous souhaite de ressentir une douce euphorie en découvrant l'histoire et l'architecture de cette région, en sillonnant ces villages dont certains sont considérés comme les plus beaux du Québec.

À pied, en vélo, en moto ou en auto, partez à la rencontre des vignerons de la région Brome-Missisquoi, tout en découvrant la richesse du patrimoine et de la créativité de ceux qui l'habitent.

Bonne Route des vins!

Janine Saine

Avant-propos

Ce guide de la Route des vins de Brome-Missisquoi vous invite à suivre un itinéraire tracé sur la carte routière de la région reproduite sur le couvert arrière intérieur. Chacun des 17 domaines vinicoles est identifié par une grappe numérotée et facilement repérable sur la carte. Rien ne vous oblige à suivre l'ordre de la route proposée qui mène à chaque domaine et chacun est libre de poursuivre son chemin selon ses coups de cœur.

À partir de l'autoroute 10 des Cantons-de-l'Est, plusieurs sorties donnent accès aux vignobles et sont indiquées par un panneau précis. Cette signalisation se poursuit également sur le parcours des routes secondaires suivant l'itinéraire tracé et virtuellement au www.laroutedesvins.ca

En dehors de la saison estivale, il est préférable de consulter le site Internet du vignoble à visiter ou de téléphoner pour s'assurer des jours et des heures d'ouverture. Il faut compter entre 1 h 30 et 2 h pour la visite guidée de chaque domaine où dégustation et vente de vin, parfois exposition d'art ou d'artisanat et aire de pique-nique vous sont offertes.

Il est à noter que les notes de dégustation publiées dans ce guide sont inspirées par les descriptions des vins fournies par chacun des domaines et ne font l'objet d'aucune critique. Tous les termes munis d'un astérisque sont définis dans le lexique de la page 152.

À la fin de certains chapitres relatifs aux vignobles, l'auteure vous invite à découvrir les curiosités du coin sélectionnées d'après leur originalité. Leur numérotation par un point vert ● facilite leur repère sur la carte du couvert arrière.

Enfin, vous trouverez dans ce guide le répertoire des Amis de la Route des vins, un index des adresses utiles ainsi qu'un carnet de notes qui vous permettra d'inscrire vos meilleurs souvenirs lors de vos escapades vinicoles.

11

Invitation dans nos vignobles de Brome-Missisquoi

Je vous souhaite la bienvenue dans notre beau petit coin de paradis, le berceau de la viticulture au Québec.

Vous y rencontrerez des vignerons passionnés qui ne cessent d'améliorer leur domaine et la qualité de leurs produits mis en marché. Ces 17 vignerons travaillant dans Brome-Missisquoi produisent environ 60 % des vins du Québec.

En plus de démarrer un programme de certification des vins du Québec, nous adhérons à des principes environnementaux qui nous tiennent à cœur. En effet, nous élaborons nos vins sous la direction du Dura-Club, un organisme paragouvernemental voué à l'avancement de l'agriculture durable.

Il est à noter aussi que nous utilisons cinq fois moins de fongicides et de pesticides qu'en Europe, et que nous demeurons conscients des problèmes liés aux gaz à effet de serre générés par le transport. En effet, nous produisons ici, dans notre jardin.

Et rappelez-vous qu'il s'agit d'un achat local.

Venez nous voir pour partager avec nous la passion de la viticulture et de la viniculture. Laissez aller votre curiosité et devenez ainsi vigneron d'un jour.

Denis Paradis
Président des vignerons de Brome-Missisquoi

Les origines ethniques de Brome-Missisquoi

Pittoresque région des Cantons-de-l'Est, Brome-Missisquoi est née en 1972 de la fusion des régions de Brome et de Missisquoi. Comptant plus de 1500 km2 et 47 000 habitants, elle a l'avantage d'être située à moins de 50 minutes de Montréal et de côtoyer à ses frontières le Haut-Richelieu, la Haute-Yamaska, le lac Memphrémagog et le Vermont.

Il ne faut pas oublier que bien avant que les anglophones s'installent dans cette région, les Abénaquis, un peuple algonquin, en furent les premiers habitants. Mais l'influence primordiale qui caractérise sa population et encore sa culture remonte à l'arrivée des Loyalistes. Fidèles à la Grande-Bretagne et voulant fuir les États-Unis après la révolution américaine de 1776-1783, ces colons américains de diverses origines ont eu l'ingéniosité de s'installer dans l'une des plus belles régions du sud du Québec. Leur immigration dans la région de Brome-Missisquoi a marqué entre autres l'architecture; jolies demeures contribuent encore de nos jours à la richesse du patrimoine.

Au cours du 19e siècle, l'arrivée d'Irlandais et d'Écossais qui avaient fui leur pays d'origine fut marquante. De même, 1850 demeure une date importante, celle de la migration de Canadiens français fuyant le surpeuplement de la vallée du Saint-Laurent pour s'installer dans les Cantons-de-l'Est.

Dès lors, anglophones et francophones ont développé dans une relative harmonie des activités de survie où prédominaient la production de lait, l'élevage d'animaux et la pomiculture.

Mais depuis les trois dernières décennies, cette région s'est découvert une nouvelle vocation. Aujourd'hui, elle peut se targuer d'être la première région vinicole d'importance au Québec, où 17 vignerons et vigneronnes de tous les horizons redonnent vie au terroir.

Notre histoire viticole

Pour mieux comprendre l'historique de la culture de la vigne au Québec, il faut remonter à 1535, lorsque Jacques Cartier observe que la vigne sauvage *vitis riparia** abonde sur l'Île d'Orléans, qu'il a eu raison de baptiser Isle de Bacchus. Presque un siècle plus tard, Samuel de Champlain fera l'expérience de la culture des *vitis vinifera**, qui ne survivront pas au froid de nos hivers. En 1864, même si le gouvernement encourage la viticulture avec des hybrides américains, rien ne laisse présager un brillant avenir pour la production locale de vin.

Tout commence à changer avec l'arrivée des immigrants européens, comme les Italiens, les Portugais et les Grecs qui, à partir des années 1950, apportent avec eux leurs traditions vinicoles. Habitués à produire leur vin maison, ils créent un engouement autour de la dive bouteille. Si bien que dans les années 70 et 80, on voit naître l'enthousiasme de nouvelles générations qui fondent les premiers vignobles québécois en utilisant des hybrides européens et nord-américains.

Pourquoi cultiver la vigne et comment y arrive-t-on dans un climat aussi froid que celui du Québec, où la saison estivale est courte et où Dame Nature fait souvent des siennes avec les canicules, les pluies abondantes, la grêle et la neige?

« C'est un défi, raconte Charles-Henri de Coussergues, président de l'Association des vignerons du Québec et également copropriétaire du Domaine de l'Orpailleur à Dunham. Heureusement que nous avons un sol pauvre, ce qui s'avère excellent pour la vigne et, de plus, il est composé de graves ou de gravelles qui permettent au terrain de bien se drainer. Quant à Brome-Missisquoi, c'est une des régions les plus chaudes du Québec, surélevée par rapport à Montréal et sise sur les contreforts des Appalaches. »

AURORE

Issu d'un croisement de seibel, il produit un vin aux arômes épicés. Utilisé également aux États-Unis et en France (Champagne, Aube, vallée du Rhône, Ardèche, vallée de la Loire et Vendée).

CAYUGA

Combinaison de seyval et de schuyler produit dans l'État de New York et donnant un vin fruité et léger de style allemand.

CHARDONNAY

Originaire du nord de la France, spécialement de la région de Champagne. Considéré comme le cépage le plus populaire au monde, il donne des vins blancs à saveur de fruits tropicaux et de pain grillé.

FRONTENAC GRIS

Issu du cépage frontenac original et très résistant au froid. Il peut être utilisé pour produire du vin gris, du vin blanc et du vin de glace dont les arômes et les saveurs sont très variables.

GEISENHEIM

Cépage créé à Geisenheim en 1882 par le professeur Hermann Müller, qui lui a donné son nom. C'est un croisement entre le riesling et le chancellor. Donne un vin blanc floral et frais, similaire au riesling.

LA CRESCENT

Créé en 2002 par l'association de saint-pépin et de swenson et résistant à des températures de - 36 °C. Les raisins exhalent des arômes d'abricot, de pêche et d'agrumes qui rappellent le riesling. Excellent pour élaborer des vins de dessert.

MUSCAT DE NEW YORK

Association des cépages muscats de hambourg et ontario, créée dans une station expérimentale de New York. Il fait partie de la famille des muscats, dont les raisins donnent un vin riche et beaucoup plus savoureux que les hybrides.

RIESLING

Considéré comme étant le meilleur cépage à vin blanc au monde, le riesling est originaire du sud de l'Allemagne. On croit qu'il y est cultivé depuis plus de 500 ans, voire 2000 ans. Donne un vin sec et fruité, avec une structure complexe, qui vieillit admirablement bien.

SAINT-PÉPIN

Issu du croisement entre autres du seyval blanc et du elmer swenson au Minnesota. À la différence d'autres cépages, le saint-pépin doit être planté à côté d'un cépage mâle pour être pollinisé. Son fruité est similaire au riesling, mais est plus liquoreux. Il est résistant au froid jusqu'à - 40 °C.

SEYVAL BLANC

Le plus ancien hybride français au Québec. Il atteint sa maturité à la fin de septembre dans les Cantons-de-l'Est. Il peut résister au froid jusqu'à - 24 °C et le buttage* lui convient bien. Il donne des vins blancs secs typiquement parfumés.

VANDAL-CLICHE

Créé par Joseph Vandal de Québec et développé par Mario Cliche, professeur à l'ITA de Saint-Hyacinthe. Les grands-parents sont aurore, chancellor, vitis riparia* et prince of walles. Cépage très prolifique, hâtif, rustique sans protection jusqu'à la hauteur de Québec. Produit un vin aux arômes de pomme, de poire et de melon. Il peut résister au froid jusqu'à moins de - 36 °C.

VEE BLANC

Issu des cépages cascade et seyve-villard et créé à la station expérimentale de Vineland en Ontario.

VIDAL

Hybride français semblable au seyval. Le buttage* lui convient bien. Très tardif, il est idéal pour produire un vin de glace. Il donne un vin fin rappelant le pinot gris. Quand il atteint sa maturité, il produit un excellent vin de glace.

CÉPAGES ROUGES

BACO NOIR
Issu d'un croisement entre le cépage folle-blanche et le *vitis riparia** réalisé en 1902 par François Baco. D'une couleur intense, fruité, moyennement corsé, il présente des arômes de fruits noirs et de caramel.

CABERNET FRANC
Variété que l'on retrouve dans la région de Bordeaux et de la vallée de la Loire. Le vin obtenu rappelle le cabernet sauvignon, mais avec moins d'acidité et de tanins.

CHAMBOURCIN
Issu de la vallée du Rhône, donne un vin épicé, fruité, avec une touche herbacée.

CHELOIS
Cépage noir issu de croisements de seibel, produisant un vin robuste utilisé en assemblage ou pour faire du rosé. Cultivé au Canada, dans l'État de New York, dans la vallée du Rhône, en Ardèche et dans le Jura.

DE CHAUNAC
Hybride noir de seibel qui coûte très cher à produire à cause de sa fragilité, mais donne souvent de bons rendements. Le vin a beaucoup de couleur, il est intéressant en assemblage et dans l'élaboration du rosé.

FRONTENAC
Créé dans un programme d'hybridation de l'Université du Minnesota. Apparemment, il serait le cépage le plus productif, au meilleur coût, et celui qui donne les meilleurs vins rouges et rosés. Parfois, son moût très acide donne du fil à retordre aux vinificateurs. Produit un vin fin et complexe avec beaucoup de corps. Très fort en alcool, belle couleur et arômes de cerise noire, parfois de chocolat.

LUCIE KUHLMANN
Créé en 1911 par Eugène Kuhlmann. Similaire aux cépages maréchal foch et léon millot. Arômes de fraise et de cerise.

MARÉCHAL FOCH
Le plus rustique des hybrides français, mais pas assez cependant pour notre climat, car il nécessite le buttage*. Sa maturité est hâtive, mais il donne des vins bien équilibrés et colorés.

MARQUETTE
Nouveau cépage à la mode, très résistant. Cousin du frontenac et petits-fils du pinot noir. Très sucré et modérément acide, il donne des tanins prononcés avec des notes de cerise et de poivre. Bien adapté aux climats froids.

SABREVOIS
Le meilleur hybride rouge créé par Elmer Swenson au Minnesota. Simple à cultiver, rustique, il n'a pas besoin de protection, car il peut résister au froid jusqu'à - 38 °C. Donne un vin coloré, tannique, bien équilibré, indiscernable d'un vin issu de *vinifera* (cépages nobles).

SAINTE-CROIX
Une autre création de Swenson. Présent au Québec depuis 10 ans, il n'est pas aussi résistant aux maladies que le sabrevois, mais il est tout aussi rustique et est résistant au froid jusqu'à - 38 °C. Produit un vin fruité, peu acide et bien charpenté, avec peu de tanins.

SEYVAL NOIR
Il a les mêmes parents que le seyval blanc et à peu près les mêmes caractéristiques. Donne un vin très léger, peu coloré, au parfum de fraise.

ZWEIGELT
Croisement produit en 1922 entre les cépages blaufränkisch et saint-laurent. Cultivé en Autriche, en Allemagne, en Grande-Bretagne et en Slovaquie.

Source : Association des vignerons du Québec

Les quatre saisons dans les vignobles de Brome-Missisquoi

PRINTEMPS

Avril à mai
- On enlève la protection de nos plants de vigne (débuttage).
- Manuellement, on élimine le bois inutile (taille).
- La sève circule à nouveau, la vigne se réveille. Les bourgeons se transforment en feuilles (débourrement).

16

Événements
Mai : Les rosés en fête • Dégustation des rosés de Brome-Missisquoi au Marché des saveurs du Marché Jean-Talon à Montréal. • Brunch rosé dans certains vignobles de la Route des vins.

ÉTÉ

Juin
- Vers la fin juin, pendant huit jours, les fleurs sont fécondées grâce au vent et aux insectes (floraison). Une expérience olfactive unique! • Il reste 100 jours avant les vendanges. • Ensuite, les premières grappes apparaissent au sommet de la pousse (nouaison). • En deux mois, le grain du raisin passera de 1 mm à 20 mm.

17

Août
- On enlève les feuilles qui couvrent les raisins pour les aider à mûrir (effeuillage). • Les grains de raisin se colorent, deviennent moins acides et s'enrichissent en sucres et en arômes (véraison).

Événements
Juillet : portes ouvertes • Dégustation gratuite de vins et de fromages dans les vignobles. Visites guidées sans frais.
Août : pour tous les goûts • Visites guidées, sentiers vinicoles, boutiques, dégustations et aires de pique-nique vous attendent.

AUTOMNE

Septembre et octobre
• On récolte les raisins à la main (vendanges) lorsque la maturité est au rendez-vous et que la nature donne le signal. • À la mi-octobre, les feuilles commencent à tomber.
• On fait une prétaille de la vigne pour supprimer les sarments*. • Côté vin, le jus extrait du pressoir est mis à fermenter dans les cuves. • Le maître de chai prend soin de chaque cuve comme d'un nouveau-né. • Le millésime prend toute sa forme et s'exprimera grâce aux fermentations.

Novembre
• Certains cépages exigeant une protection hivernale accrue sont recouverts d'un pied de terre (buttage). • Une partie des raisins est conservée dans des filets à l'extérieur en attendant les vendanges d'hiver.

Événements
C'est la fête dans les vignobles. On y célèbre les vendanges de différentes façons : journées de cueillette, marchés du terroir, spectacles, etc.

Participation des vignerons :
• Fête des vendanges, www.fetedesvendanges.com • Salon des vins et fromages du Québec, www.salonvinsfromages.ca

HIVER

Décembre à mars
• La vigne entre dans une période de sommeil (repos hivernal) : la sève ne circule plus dans la plante.
• Le vin se clarifie et le maître de chai procède aux dernières analyses en vue de la mise en bouteilles.
• En décembre ou janvier, quand la température atteint 10 ℃, on procède aux vendanges pour le vin de glace.

Événements
Janvier
Concours international des vins de glace

Pour connaître les dates exactes des événements saisonniers, consultez le site **www.laroutedesvins.ca.**

Source : Centre local de développement (CLD) de Brome-Missisquoi

VIGNOBLE
LES PERVENCHES

Farnham, Québec

VIGNOBLE LES PERVENCHES
www.lespervenches.com

Propriété acquise en 1991 par un Savoyard, les trois hectares du Vignoble Les Pervenches comprennent des vignes qui ont presque 20 ans et leur originalité relève en partie de la culture du chardonnay. Développé parcimonieusement au Québec à cause de sa vulnérabilité au climat froid, ce cépage *vitis vinifera** qui exige des soins particuliers évolue admirablement bien dans ce vignoble. Depuis 2000, ses nouveaux propriétaires, Michael Marler et Véronique Hupin, ont réussi à faire survivre ce cépage où d'autres ont échoué. Très attentifs à l'évolution des raisins de la vigne à la cave, ces jeunes vignerons sont toujours à l'affût de solutions écologiques pour surmonter les difficultés vinicoles qu'ils rencontrent. Le secret de leur réussite réside dans leur volonté d'obtenir le meilleur de leur terroir, dont la production totale varie entre 12 000 et 15 000 bouteilles selon les millésimes.

VÉRONIQUE HUPIN ET MICHAEL MARLER
Vignerons

Ils sont jeunes et beaux, mais surtout très passionnés. Cette complicité vitivinicole* entre Véronique Hupin, d'origine belge, et son mari anglo-québécois Michael Marler, propriétaires de ce petit domaine tout à fait exceptionnel près de Farnham, en fait parler plus d'un. Diplômé en agriculture de l'Université McGill, Michael est très conscient de ce que signifie la qualité des vins : « Je ne peux pas commercialiser des vins que je n'aime pas. Si je n'étais pas fier de produire des vins au Québec, je les ferais ailleurs. Hélas, il existe encore beaucoup de préjugés sur les vins d'ici. » Et il ajoute que son défi n'est pas de faire de l'argent, mais des vins de qualité. Les Pervenches sont parmi les premiers vignobles à être certifiés biologiques par Ecocert*, et tout en suivant les principes de la culture biodynamique, ils sont en attente de cette certification émise par Demeter*.

VIGNOBLE LES PERVENCHES
150, chemin Boulais
Farnham
Tél. : 450 293-8311

CÉPAGES CULTIVÉS

BLANCS
SEYVAL
CHARDONNAY

23

ROUGES
MARÉCHAL FOCH
FRONTENAC
BACO NOIR
ZWEIGELT

24

NOTES VITICOLES

25

Le boisé qui borde la petite surface des trois hectares du Vignoble Les Pervenches est bénéfique, car il protège les vignes des vents d'ouest. Le sol composé de sable, d'argile et de gravier est favorable à la culture du chardonnay. Puisque ce vignoble est certifié biologique, Michael applique des oligo-éléments comme fertilisants, tels l'azote, le phosphore et le phosphate. S'il manque de magnésium, il ajoute de la chaux qu'il se procure dans une carrière située à proximité du village de Bedford.

Les vendanges sont manuelles, mais le désherbage entre les rangs est mécanique. La conduite de la vigne est celle de Scott Henry, qui porte le nom de son créateur originaire de l'Oregon et qui propose une division verticale et égale des sarments* vers le haut et vers le bas. L'effeuillage, qui permet aux raisins de recevoir plus de lumière, se fait surtout sur des parcelles non équilibrées pour éviter la présence du mildiou* et ainsi en améliorer la qualité. Durant la période hivernale, on ne pratique pas la méthode classique de buttage*, mais on protège les vignes en les recouvrant avec quatre à cinq pouces de foin et une toile géotextile.

CARNET DE VINIFICATION

Sans contredit, le blanc élaboré en majeure partie avec du chardonnay s'avère une grande réussite au Vignoble Les Pervenches, ce qui est rarissime au Québec. En matière de vinification*, nos jeunes vignerons, Véronique et Michael, suivent un processus traditionnel tel que pratiqué en Bourgogne, avec fermentation en barriques, élevage sur lies, fermentation malolactique* et bâtonnage*.

Par contre, les vins rouges demeurent leur plus grand défi. Pour éviter à tout prix d'obtenir avec le rouge un goût de poivron vert, un tri méticuleux des raisins s'impose et nécessite autant de temps que celui des vendanges. Ensuite viennent les différentes étapes comme la macération carbonique*, l'éraflage* et le foulage*. Véronique et Michael utilisent des fûts de chêne français et américain qui aident à créer un juste équilibre entre l'acidité et la rondeur du vin.

Aucun vin ne subit le processus de filtration. Et Michael ajoute que « les meilleurs vins que l'on produit sont ceux qui n'ont pas subi beaucoup d'intervention humaine ».

26

« Je ne peux pas commercialiser des vins que je n'aime pas. Si je n'étais pas fier de produire des vins au Québec, je les ferais ailleurs. Hélas, il existe encore beaucoup de préjugés sur les vins d'ici. » **Michael Marler**

NOTES DE DÉGUSTATION

28.

CHARDONNAY-SEYVAL

Le seul et unique chardonnay du terroir québécois, vinifié en barriques selon les traditions bourguignonnes. Ce vin blanc sec assemblé avec du seyval est tout en rondeur et sensualité. La robe paille dégage un bouquet de poires, de miel et d'anis et la bouche beurrée a une finale de massepain. La fermentation et le vieillissement se déroulent en fûts de chêne français et américain. Un vin élégant accompagnant à merveille les poissons, les ris de veau, les fruits de mer et les volailles en crème. Potentiel de garde de cinq ans.

SEYVAL BLANC-CHARDONNAY

Vinifié à 100 % en fûts de chêne français et américain, ce vin blanc sec est remarquable pour sa vivacité et la netteté de son fruit rappelant les agrumes, les poires et les pêches. Un bel équilibre d'acidité et de rondeur est suivi d'une finale légèrement beurrée. Un vin plein de vigueur accompagnant les fondues au fromage, les sushis, les fruits de mer et les volailles. Potentiel de garde de trois ans.

CUVÉE DE MONTMOLLIN

Assemblé avec les cépages maréchal foch, frontenac et zweigelt, ce vin rouge au bouquet de notes de confiture et de prunes est gorgé de fruits noirs bien mûrs et doté d'une belle structure et de tanins souples. Vin authentique à déguster avec des viandes grillées, des petits gibiers et des fromages à pâte molle à croûte fleurie. Potentiel de garde de cinq ans.

MÉMO •
LES PERVENCHES

Dynamiques et authentiques, Véronique Hupin et Michael Marler comptent parmi les plus jeunes vignerons du Québec.

Même s'ils sont isolés sur le chemin Boulais à Farnham, leurs vins sont déjà très prisés, surtout le seyval-chardonnay, et sont offerts sur la carte de nombreux restaurants québécois de haute gastronomie, dont on peut consulter la liste sur leur site Internet.

Un des seuls domaines dont les vins relèvent d'une culture certi-fiée entièrement biologique.

On espère bien qu'un jour, ils rédigeront leurs mémoires dans un ouvrage qui pourrait avoir pour titre : « Comment réussir un vin au Québec avec trois hectares de vignes et en vivre agréable-ment ! »

Visite guidée sans frais
21 juin au 13 octobre : mercredi au dimanche, de 10 h à 16 h 30
Autres périodes, sur réservation seulement

LE SOLINOU

Assemblé avec les cépages frontenac, maréchal foch, baco noir, seyval noir et zweigelt, ce vin rouge est vinifié en cuves d'acier inoxydable et vieilli en barriques de chêne français. Un vin de plaisir et de soif tout en fruit. La robe est d'une belle inten-sité et les tanins sont discrets et souples. Un vin gouleyant à la finale légèrement torréfiée. À servir comme apéritif ou pour accompagner viandes, volailles grillées et fromages pressés non cuits. Potentiel de garde de deux à trois ans.

1) FARNHAM (8000 **HABITANTS**)

Porte d'entrée de la Route des vins, cette ville fondée en 1876 accueille ses premiers Farnhamiens au début du 19e siècle. Dès le début, ces pionniers lui confèrent un souffle commercial.

Si la faim vous tiraille, arrêtez-vous au meilleur restaurant de la ville, où vous pouvez apporter votre vin :
• Le Fumet, 188, rue Principale Est, Farnham, Tél. : 450 293-3430

LE MARCHÉ DE LA STATION GOURMANDE

Le plus vaste et le plus coloré des marchés régionaux, avec environ 27 marchands, des dégustations sur place, des thématiques et des activités hebdomadaires, se déroule de juin à octobre, tous les samedis de 8 h à 13 h. De plus, le Marché de Noël prend place les trois premiers samedis de décembre et le 23 décembre.
• 313, rue de l'Hôtel-de-Ville, Farnham
Tél. : 450 946-1136

Club de golf Farnham — www.farnhamgolf.com

CENTRE DE LA NATURE DE FARNHAM

Outre la fromagerie et le marché, Farnham vaut aussi le détour pour son parc urbain qui invite les amants de la nature à se promener à travers des sentiers où cohabitent flore et faune régionales. Situé le long de la rivière Yamaska, le Centre renferme également une aire de pêche, un observatoire, un accès à la piste cyclable qui mène à Saint-Jean-sur-Richelieu ou à Granby. Entrée libre.
• 1400, rue Yamaska Est, Farnham
Tél. : 450 293-3178

FROMAGERIE DES CANTONS

Le fameux Zéphyr et la Brise des vignerons au vin blanc du Vignoble des Côtes d'Ardoise sont les vedettes de cette fromagerie établie depuis octobre 2005. Leur créateur Hugues Ouellet nous fait saliver avec d'autres fromages à pâte molle ou dure, ou affinés, qu'ils soient locaux ou d'ailleurs. Une courte visite de ce lieu inscrit au patrimoine de Farnham permet d'observer les artisans à l'œuvre.
• 441, boulevard Normandie Nord Farnham, Tél. : 450 293-2498

31

CURIOSITÉS *du coin*

2) MUSÉE-ÉCOLE DE SAINTE-SABINE (1100 HABITANTS)

Si peu nombreux et si peu connus soient-ils, les Sabinois ont eu le génie de restaurer en 1993 le bâtiment de leur ancienne école du rang Campbell fondée en 1892. Dans ce musée-école, on trouve des objets et des meubles témoins d'un autre siècle. Voilà un très bel exemple de conservation du patrimoine. Ouvert pendant l'été, entrée libre.
• 190, rang Campbell, Sainte-Sabine Tél. : 450 293-7686

En filant sur la route 235 sud, à l'angle du rang de l'Église Sud, empruntez le chemin vers la droite qui mène au fameux hameau de Mystic, sur lequel vous trouverez plus de détails à la page 30.

3) PONT COUVERT DES RIVIÈRES

En roulant sur la route 235 sud, si vous bifurquez à droite sur le chemin Walbridge, qui devient le chemin Saint-Charles, vous découvrirez, à l'angle du chemin des Rivières, un pont couvert construit en 1884 et qui traverse la fameuse rivière aux Brochets. Arrêtez-vous le temps d'une photo patrimoniale!

4) SAINT-IGNACE-DE-STANBRIDGE (694 HABITANTS)

Pour la petite histoire, ce patronyme rend hommage à Saint-Ignace, évêque et martyr d'Antioche, né en l'an 35 et d'origine syrienne. Dans cette municipalité établie en 1889 se trouve aussi un spa. Après une ballade vinicole, pourquoi ne pas s'offrir des soins corporels qui, à l'instar du vin, réconfortent tant le corps que l'esprit ?
• Centre de santé Euro-Spa, 455, rang de l'Église Sud, Saint-Ignace-de-Stanbridge Tél. : 450 248-0666

VIGNOBLE DOMAINE DE L'ARDENNAIS
www.vignobledelardennais.com

Suivant le pittoresque chemin Ridge, le Domaine de l'Ardennais a été mis sur pied en 1994 par un Belge et a été repris en main en 2002 par Gary Skinner et Lucie Larose. Dans cet environnement buco-lique, entouré d'arbres, mais surtout d'un magnifique jardin à l'anglaise, ce vignoble familial réserve un accueil très chaleureux. Derrière la maison familiale centenaire et le chai s'étalent les 4,5 hectares de vignes qui génèrent annuellement 15 000 bouteilles. Très fiers d'élaborer du vin rouge à partir de raisins issus à 100 % de la propriété, Gary et Lucie sont aussi au fait qu'il n'y a pas de tradition vinicole au Québec et que le climat y est plutôt difficile. « Je crois que ça va prendre encore dix années pour per-fectionner notre vin et aussi amener les gens à consom-mer les vins du Québec », conclut Gary.

LA ROUTE DES VINS · 25

GARY SKINNER ET LUCIE LAROSE
Vignerons

C'est la passion du vin qui a poussé Gary Skinner à faire des stages vitivinicoles au Portugal et à l'Ins-titut de technologie agroalimentaire de Saint-Hyacinthe et Lucie Larose à se rendre en Alsace, avant que tous les deux acquièrent le vignoble de l'Ardennais. Autodi-dactes, mais surtout très motivés, ils n'ont pas froid aux yeux pour effectuer ma-nuellement toutes les opérations viticoles. Quand on demande à Gary s'il engage de la main-d'œuvre, il répond avec un sou-rire à la fois ironique et timide : « Oui, Lucie et moi ! » Pour ce couple, la vigne s'avère un beau défi et même si cela prend du temps, ils ont confiance dans l'ave-nir de leur vignoble. Quant à leur jeune fille Laurie, aura-t-elle envie un de ces jours de prendre la relève ?

VIGNOBLE DOMAINE DE L'ARDENNAIS
158, chemin Ridge
Stanbridge East
Tél. : 450 248-0597

CÉPAGES CULTIVÉS

BLANCS
SEYVAL
CAYUGA
RIESLING
GEISENHEIM
VIDAL
MUSCAT

37

ROUGES
CHANCELLOR
MARÉCHAL FOCH
SEYVAL NOIR
DE CHAUNAC

38

NOTES VITICOLES

39

Situé non loin de la frontière américaine, le vignoble de l'Ardennais et ses 15 000 ceps de vigne profitent du microclimat généré par la proximité du lac Champlain et par la présence d'un étang sur la propriété. De type rocailleux, le sol pentu du vignoble recèle aussi une couche d'ardoise et une troisième, d'aspect plutôt sablonneux. Les hybrides* français que Gary et Lucie utilisent nécessitent les opérations de buttage* en novembre et de débuttage* en avril afin de les protéger du froid hivernal. Dans leur cas, ce laborieux travail s'exécute manuellement.

Les plants sont âgés de 18 ans, mais d'après Gary, ils peuvent avoir une longévité de 50 ans. « La vigne, c'est aussi fragile qu'un rosier, dira-t-il. Il faut s'en occuper. » Par exemple, le cépage* chancellor, un hybride* français, exige plus de soins, car c'est un cépage très productif et la vigne ne doit pas être surchargée.

CARNET DE VINIFICATION

Même s'il est cultivé parcimonieusement au Québec à cause de sa fragilité durant la période hivernale, l'hybride français chancellor semble un cépage que Gary affectionne particulièrement. Il n'est pas facile à vinifier, mais le vigneron aime le goût poivré du vin qu'il produit, qui s'accorde avec plusieurs plats.

> « La vigne, c'est aussi fragile qu'un rosier. Il faut s'en occuper. » Gary Skinner

Voici quelques notes de vinification qui expliquent comment il élabore ce vin rouge. Vendangés en octobre manuellement, les raisins sont foulés et égrappés pour être transférés directement dans une cuve en inox. Ils subissent d'abord une macération carbonique* et un pressurage*. Ensuite, on procède à une fermentation malolactique* pour diminuer leur taux d'acidité. La totalité du vin est transférée dans des barriques de chêne usagées dans lesquelles on a déposé des copeaux de chêne. Peu onéreuse, cette technique est surtout appliquée dans les vignobles du Nouveau Monde et est permise en France pour les vins de pays et les vins de table. Pour en savoir plus sur l'utilisation des copeaux de chêne, consultez le site www.oenologie.fr/copeaux-de-chene-et-vin.

Quant au vin blanc de l'Ardennais, il est fait avec 60 % de seyval et 40 % de riesling, de geisenheim et de cayuga. La vinification est traditionnelle et suit ces différentes étapes que sont le foulage*, le pressurage, la fermentation malolactique*, le séjour en barriques et la mise en bouteilles.

Sa toute dernière expérience amène Gary à élaborer un vin de paille* au style liquoreux qu'il produit à partir du cépage vidal. Il utilise une technique appelée passerillage*, qui consiste à faire sécher des grappes sur de la paille pendant plusieurs mois. Ainsi, les raisins deviennent concentrés en sucre avant d'être pressés. Très peu usitée au Québec, cette technique est originaire du nord de l'Italie et est aussi très utilisée dans les vignobles du Jura en France.

« Même s'il n'y a pas encore de certification au Québec, je peux vous confirmer que tous nos vins produits à l'Ardennais sont issus à 100 % de la propriété », nous souligne avec insistance Gary.

NOTES DE DÉGUSTATION

SEYVAL

Blanc semi-sec, assemblé avec du vidal, du geisenheim, du cayuga. Arômes de pommes vertes et saveurs fruitées. S'harmonise avec les viandes blanches, les poissons et les fruits de mer.

CHANCELLOR

Vin souple semi-sec, assemblé avec du de chaunac, fruité, avec une belle note boisée et fumée, dégageant des arômes de fruits sauvages. Se marie parfaitement bien avec toutes les viandes rouges, le gibier, les pâtes.

COTEAU DE CHAMPLAIN (VIN GRIS)

Rosé élaboré avec les cépages seyval noir, de chaunac et maréchal foch. Vin bien équilibré, fruité et légèrement plus sec qu'un rosé. Excellent comme apéritif ainsi qu'en accompagnement avec les pâtes, les fruits de mer, les crustacés, le saumon en sauce ou fumé, les viandes blanches.

Les Mistelles*

KIR

Vin blanc fortifié* et cassis. Excellent comme apéritif ou servi avec des bouchées de saumon fumé sur croûtons.

LE RIDGEOIS

Style pineau des Charentes. Servir comme apéritif ou pour accompagner fromages, foie gras et desserts.

PÉCHÉ MIGNON

Vin blanc fortifié avec des pêches. Apéritif ou digestif, vin de dessert. À ajouter dans la salade de fruits avec une crème fouettée ou glacée. Excellent pour déglacer un filet de porc.

LA FLAMBOYANTE

Vin rouge fortifié avec des framboises. Apéritif ou vin de dessert.

LE PARTOIS

Style porto, digestif ou apéritif. Pour accompagner une crème de chocolat noir, du fromage bleu ou un fromage âgé.

LE MÛRIER

Vin rouge fortifié avec des mûres. Digestif, à servir avec un gâteau au fromage. Utilisez pour déglacer le poulet, le canard, un sauté de légumes.

FRAISIA

Vin rouge fortifié avec des fraises. Apéritif ou vin de dessert.

MÉMO • L'ARDENNAIS

Le nom L'Ardennais fut l'idée de l'ancien propriétaire, qui était d'origine belge, et a été choisi en souvenir, sans aucun doute, du massif des Ardennes en Belgique. Et pourtant, les terres du vignoble sont plates !

Invitez votre famille à un déjeuner sur l'herbe dans ce vignoble qui est un des plus fleuris de la région. Attention, il est très fréquenté par les villégiateurs urbains et aucune réservation n'est acceptée pour la table de pique-nique. Premier arrivé, premier assis.

L'intimité des lieux, le cachet du vignoble ainsi que la gentillesse de ses hôtes valent le détour. Également, charcuteries, fromages et vins sont disponibles sur place sur réservation.

Visite guidée sur réservation • Aire de pique-nique
Mai à décembre : 10 h à 17 h
Janvier à avril : samedi et dimanche, 10 h à 17 h

5) LE VILLAGE DE MYSTIC (63 HABITANTS)

Ralliez le chemin Mystic à partir de la 235 à la croisée du chemin de l'Église Sud pour découvrir ce petit hameau, joyau de l'architecture loyaliste, inspirant de simplicité et de charme, et fréquenté par une faune autant locale qu'urbaine.

L'école de Mystic, bâtiment patrimonial de 1886, est aujourd'hui recyclée en salle communautaire.

41

LA GRANGE

À quelques mètres de L'Œuf, la plus vieille grange polygonale québécoise munie de douze côtés datant de 1882, est une œuvre excentrique de Alexander Solomon Walbridge. Avec ses 11 tasseries qui servaient à conserver différentes sortes de foin, ce monument historique est devenu un musée agricole ouvert au public.

• Tél. : 450 248-3153
www.museemissisquoi.ca

42

CÉRAMYSTIC

L'artiste Jacques Marsot met à l'honneur la céramique à Mystic. Du 24 juin au 4 juillet, il invite une trentaine de céramistes à exposer leurs œuvres dans ses jardins. Magnifique et grandiose. Entrée libre. À défaut de vous y rendre, visitez le site Internet.

• 248, chemin Mystic Tél. : 450 248-3551 www.ceramystic.com

L'ŒUF À MYSTIC !

Si vous passiez dans ce hameau sans vous arrêter à L'Œuf, l'ancien magasin général du village bâti en 1865, ce ne serait que pure hérésie. Ici, les talentueux propriétaires, Pier D. Normandeau et sa fidèle moitié Monique, offrent sous un même toit restauration, chocolaterie, boutique gourmande et hébergement. Simple et soignée, la cuisine privilégie la fraîcheur des produits locaux et saisonniers. Et puis, en savourant lentement votre espresso maison, tentez un brin de causette avec Pier qui vous mettra *rapido presto* au diapason des faits et méfaits de la région, sans oublier les nouvelles de votre monde.

Le chat Dron

229, chemin Mystic, Mystic
Tél. : 450 248-7529

43

CURIOSITÉS *du coin*

6) BEDFORD À PIED (2750 HABITANTS)

Fondé en 1890 et jadis le haut lieu du commerce — il y existait des tanneries, des manufactures, des fonderies, le journal *Times* de Bedford, en plus d'un chemin de fer —, Bedford est devenu le siège de circuits pédestres. Au cœur du centre-ville, le Sentier des meules et le Centre d'interprétation de la rivière aux Brochets ainsi qu'un circuit patrimonial permettent de découvrir les maisons historiques des Bedfordois (francophones) et des Bedfordites (anglophones). D'autres circuits pédestres ou à vélo sont proposés dans la région.

• Pour des renseignements sur les circuits : Hôtel de ville de Bedford, 1, rue Principale, Tél. : 450 248-0550, www.bedfordplus.com

LES FRUITS DE LA PÉPINIÈRE

Ici, les herboristes s'attarderont aux feuillus, aux vivaces et aux conifères et les gourmands lorgneront du côté des petites baies rouges non modifiées génétiquement. Déjà cueillies ou en libre service, les fraises sont prêtes à être dégustées généralement du 18 juin au 7 juillet et les framboises, en juillet et août.

• Pépinière Bernier
155, chemin Ridge
Tél. : 450 248-3091

Le **Marché champêtre de Bedford** vous offre, tous les samedis de mai à septembre, de 8 h à 12 h 30, des denrées fraîches provenant de ses producteurs locaux.

• Place du Docteur-Adrien-Tougas 67, rue Principale

Pour calmer une fringale ou l'envie d'un espresso, le **Café Rouge**, 32, rue Principale, Bedford, sert aussi de lounge et de galerie. Simple, bon et sympa.
Et **Asia**, un restaurant thaïlandais, au 65, rue Principale, offre une table plus cosmopolite.

7) LA CHAPELLE RIDGIENNE

En empruntant la route 202, à quatre kilomètres à l'est de Bedford, à la croisée des chemins Ridge et Gage, se trouve à droite une chapelle en pierres de culte baptiste, la Stone Chapel, construite en 1842. Géré par une fiducie, ce beau bâtiment doit justifier sa coiffe religieuse : un office doit y être célébré au moins une fois annuellement ! À quelque 500 mètres de l'église, vers le sud, le long du chemin Ridge, le cimetière Stanbridge Ridge contient des tombes du début du 19e siècle.

DOMAINE DU RIDGE
www.domaineduridge.com

À partir de la route 202, le chemin Ridge propose une des plus pittoresques balades de la région avec ses charmantes chaumières et ses allées d'arbres qui s'entrecroisent. Il mène, à ses confins, au vignoble de Denis Paradis. Ici, tout n'est que beauté, de la vigne à la terrasse, de la salle de dégustation à la maison d'influence loyaliste datant de la fin du 19e siècle et qui fait office de bureau. En 1996, ces champs de foin se sont métamorphosés en rangs de vignes et offrent aujourd'hui un panorama digne des plus beaux vignobles du Québec. De nombreuses dégustations y sont programmées et donnent lieu durant la période estivale à des festivités champêtres. Bienvenue chez les Paradis !

DENIS PARADIS
Vigneron

Il va sans dire que la casquette de viticulteur va à ravir à cet ex-ministre fédéral et aussi ex-batonnier du Québec, en plus de celle de président de l'Association des vignerons de Brome-Missisquoi. Jamais on ne s'ennuie à écouter ce natif de la région qui a fait ses premières armes vinicoles en 1996 sous l'influence d'un voisin belge. « Je ne connaissais rien sur le sujet et même si mes premières plantations n'ont pas marché du premier coup, j'y ai pris goût, et me voici aujourd'hui avec 50 000 plants de vigne », confie-t-il avec enthousiasme. Secondé par sa femme Viviane Crevier, vice-présidente de l'Association des vignerons du Québec, il demeure à l'affût de nouvelles expériences vinicoles* et du plaisir de partager avec les autres sa passion pour le vin.

DOMAINE DU RIDGE
205, chemin Ridge
Saint-Armand
Tél. : 450 248-3987

CÉPAGES CULTIVÉS

BLANCS
SEYVAL BLANC
GEISENHEIM
VIDAL

50

ROUGES
MARÉCHAL FOCH
LUCIE KUHLMANN
SEYVAL NOIR
DE CHAUNAC

51

NOTES VITICOLES

52

Quelques rangs du Ridge sont travaillés à la herse par Jacques Hébert.

En plus des 14 hectares et 50 000 ceps* de vigne que compte le vignoble, le Domaine du Ridge exploite aussi un hectare et demi que possédait le journaliste Michel Vastel (disparu en 2008) et un autre hectare et demi qui appartient au vignoble de la Sablière situé sur le chemin Dutch. Maître de la viticulture*, Tommy Cazenave, d'origine française, a réalisé plusieurs expériences, entre autres celle de la taille à l'automne plutôt qu'au printemps. Au lieu d'enterrer les baguettes* des vignes, il les attache, ce qui a permis de doubler la production. Au lieu de labourer, il a fait un essai d'enherbement* entre les rangs. La présence des herbes a manifestement permis la réduction de la quantité d'eau dans le sol et des maladies fongiques. En pompant l'eau, l'herbe devient en quelque sorte en compétition avec la vigne et permet de réduire la pulvérisation de pesticides. Étant membre du Dura-Club*, le Domaine du Ridge s'intéresse à une agriculture durable qui prône l'application de principes environnementaux.

CARNET DE VINIFICATION

D'origine bordelaise, Jean Berthelot est l'œnologue-conseil du domaine et forme avec Charlotte Fessy, maître de chai* d'origine bourguignonne, une équipe dont les écoles sont complémentaires.

Lors de notre passage, Charlotte, qui œuvre depuis deux ans au domaine du Ridge, était en train d'élaborer la vinification du rosé Champs de Florence qui, depuis ses tout premiers millésimes, obtient un grand succès. Voici les différentes étapes de vinification que Charlotte a bien voulu nous expliquer :

- Les raisins sont égrappés et déposés dans une cuve pour une brève macération de un à deux jours.
- Les raisins sont ensuite pressurés.
- Le jus de goutte et le jus de presse sont assemblés pour produire le rosé.

Élaboré à partir du seyval blanc, le vin blanc Vent d'Ouest, en hommage au vent qui émane de la vallée de Champlain, est élaboré selon les étapes suivantes :

- Les raisins sont foulés mécaniquement, c'est-à-dire écrasés.
- Le fait que la pulpe et la peau demeurent en contact permet une meilleure extraction des arômes avant de les presser.
- Le jus extrait reste pendant une nuit dans une cuve à l'extérieur et tous les détritus tombent grâce au froid qui les fait descendre.
- On procède ensuite à la fermentation alcoolique*.
- Quand le vin est très acide, on procède à une fermentation malolactique*, mais on ne la fait pas systématiquement.

53

« J'en ai pour tout l'hiver à faire l'élevage*, la filtration et l'embouteillage », nous dira Charlotte.

« Je ne connaissais rien sur le sujet et même si mes premières plantations n'ont pas marché du premier coup, j'y ai pris goût, et me voici aujourd'hui avec 50 000 plants de vigne. » Denis Paradis

NOTES DE DÉGUSTATION

VENT D'OUEST

Le Vent d'Ouest est élaboré avec le seyval blanc, le cépage qui est le plus cultivé dans la région de Brome-Missisquoi. Il offre un vin frais, avec une belle acidité, légèrement épicé, aux arômes de pomme, de miel et d'abricot. Délicieux avec les poissons, les fruits de mer, les croquettes au parmesan et le fromage de chèvre. (Code SAQ : 928523)

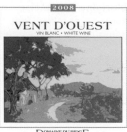

CHAMPS DE FLORENCE

Produit avec du seyval noir, joli vin à la robe rose foncé, embaumant agréablement la fraise et d'autres petites baies rouges qui séduisent les papilles. Parfumé et sec, il rivalise de bon goût avec les rosés du monde. À servir comme apéritif, avec des viandes grillées ou des pâtes aux tomates et au basilic. (Code SAQ : 741702)

CLOS DU MARÉCHAL

Le maréchal foch est un cépage vigoureux et hâtif. Il offre un vin léger, souple, avec une finale boisée et des tanins très délicats. À servir légèrement rafraîchi. Accord avec des charcuteries ou des plats mijotés. (Code SAQ : 10220373)

CUVÉE DU FOULOIR

Issus du cépage seyval blanc, les raisins sont foulés avec les pieds, méthode ancienne tout à fait inusitée au Québec. Élaboré en quantité limitée, ce vin présente des arômes soutenus et d'une grande fraîcheur.

BISE D'AUTOMNE

Vin de dessert produit avec du vidal. Il offre des arômes concentrés et complexes de fruits à chair blanche, de miel, de citron et même de raisin bleu. Bien équilibré entre l'acidité et le sucre, il se déguste comme apéritif ou avec des fromages et des tartes aux fruits.

FADO

Le Fado, vin rouge fortifié (vin de liqueur de style porto), est produit avec une petite quantité de de chaunac assemblé avec le maréchal foch. Les saveurs fruitées sont riches, charnues et veloutées. Tentant à la fin d'un repas pour accompagner un dessert au chocolat.

SAINT-MARTIN

Vin apéritif blanc fortifié qui se compare au pineau des Charentes et qui est élaboré avec le geisenheim, un cépage blanc créé en Allemagne en 1882 par Hermann Müller, à la suite d'un croisement entre le riesling et le chancellor. Il nous donne des arômes de pommes et de poires.

MÉMO • RIDGE

Prenez le temps de vous arrêter au Ridge, car c'est la promesse de découvrir l'un des plus beaux sites vinicoles. La terrasse est très invitante, tout autant que le terrain de pétanque aménagé à la mémoire du journaliste Michel Vastel, dont le vignoble était tout près.

De plus, les illustrations des étiquettes des vins du Ridge ont été créées par les artistes René Tardif et Yves Desharnais.

Et si les vendanges vous intéressent, entre le 15 septembre et le 20 octobre, vous pouvez vous y inscrire. Plusieurs forfaits sont disponibles, incluant un barbecue servi sur la terrasse avec du vin, visite guidée du chai et dégustation de tous les produits du domaine.

Pour connaître les autres événements festifs, consultez le site Internet du vignoble.

Visite guidée • Aire de pique-nique • Pétanque
Du 15 juin au 15 octobre : tous les jours,
de 10 h 30 à 17 h
Le reste de l'année : du lundi au jeudi, de 10 h à 17 h

Depuis l'an dernier, des sculptures d'artistes sont exposées dans les magnitiques jardins.

8) PONT GUTHRIE

Coup de cœur pour le Guthrie, le plus petit pont couvert du Québec, édifié en 1845 et surplombant le ruisseau Groat. Situé au carrefour des chemins Chevalier et Edoin, il offre un beau panorama sur la rase campagne !

9) PHILIPSBURG (245 HABITANTS)

Établi en 1846, le hameau de Philipsburg fut le premier à accueillir, vers 1780, une population de Loyalistes américains de descendance hollandaise et allemande, majoritairement originaires de l'État de New York.

LE BERGELAC
L'accueillante
Denise Guilbault
vous convie dans
son gîte de
cinq chambres
confortables, avec
vue sur la baie
Missisquoi.
• 250, avenue
Champlain
Tél. : 450 248-1187
www.gitescanada.
com/lebergelac

ÉGLISE UNIE

Connue sous le nom de Philipsburg United et construite entre 1819 et 1821, cette église doit l'éclat de ses pierres à la célèbre carrière de marbre blanc qui l'avoisine. Son histoire est d'un grand intérêt puisqu'elle a servi de refuge aux soldats loyalistes pendant la rébellion de 1837.

LE 8ᵉ CIEL

Jeunes et ayant bon goût, Jean Bonneau et Isabelle Charlebois vous invitent dans leur petit bistro à prix abordables, sur les rives de la baie Missisquoi. Leurs spécialités, le boudin noir et les fish and chips, se marient très bien avec une sélection de vins locaux ou d'importation privée. Ouvert pendant la saison estivale.
• 193, avenue Champlain
Tél. : 450 248-0412
www.le8iemeciel.com

10) SAINT-ARMAND (1202 HABITANTS)

Saint-Armand est devenu le pays de notre cher poète Raoul Duguay, dont voici un extrait d'une de ses magnifiques chansons : « Comme le Kébèk est beau à Saint-Armand-les-Vents. J'ai planté le printemps dans la terre noire de mes mots. Pour que la rose et le lys à jamais y fleurissent. » Saint-Armand-les-Vents, Raôul Duguay / Pierre Nadeau www.raoulduguay.net

Dans ce village fondé en 1845 et qui englobe Philipsburg depuis 2000 existent les vestiges de l'ancienne gare. Il y a aussi l'énigmatique Nigger Rock, ce rocher à proximité duquel seraient enterrés des Noirs. À propos de ce fait historique peu connu, la polémique perdure : furent-ils des esclaves fuyant le Sud ou des domestiques de Loyalistes réfugiés ? Pour les curieux, le rocher est au bout du chemin Luke, mais l'accès est privé.

CÉRAMISTES EN DUO

Magnifique jardin aux allures zen où les céramistes Sara Mills et Michel Louis Viala utilisent la technique japonaise de cuisson raku et celle du grès pour créer des pièces fabuleuses et imaginatives. Entrée libre. Information pour les cours et les expositions :
• 1940, chemin Saint-Armand, Tél. : 450 248-3527 viala@nelc.net

BIENVENUE AUX CYCLISTES!

Ce gîte de campagne de cinq chambres, situé dans une ancienne école des années 1950, est bucolique, confortable et raffiné. L'École buissonnière
• **1685, chemin Saint-Armand Tél. : 450 248-0260**

11) WAPITIS VAL-GRAND-BOIS

En bordure de la Route des vins, ce centre d'élevage de wapitis est un pionnier. La boutique sur place offre une gamme de produits dérivés de cet animal pur sang, avec gelée de cèdre et de sapin et confiture de piments rouges.
• 501, route 235 Saint-Armand Tél. : 450 248-3273

12) PIGEON HILL

Autrefois, ce hameau s'appelait Sagerfield, devenu Pigeon Hill à cause du nombre de pigeons voyageurs qui y faisaient halte. Ce lieu-dit fut le théâtre d'une bataille en 1866 entre Fenians (Irlandais américains pour la libération de l'Irlande) et la milice canadienne locale. Il est aujourd'hui devenu un patelin très prisé par les artistes.

www.valgrandbois.com

VIGNOBLE DE L'ORPAILLEUR
www.orpailleur.ca

4

LA ROUTE DES VINS • 41

D epuis sa création en 1982, L'Orpailleur peut se targuer d'être l'un des vignobles les plus dynamiques et les plus avant-gardistes de la région. Au cœur de la vallée de Dunham, ses 20 hectares de vignes joliment alignées comptent 105 000 plants avec une production annuelle de plus de 175 000 bouteilles. L'Orpailleur se démarque en mettant l'accent sur les cépages* blancs qui s'adaptent mieux à notre climat. Copropriétaire de ce domaine, Charles-Henri de Coussergues explique qu'« au départ l'objectif n'était pas de trouver une variété qui résiste au froid, mais celle qui avait le temps de mûrir. » Malgré les défis, un métier exigeant et des années parfois difficiles, ce vigneron d'origine française a fait la preuve qu'avec la passion, on peut surmonter ces obstacles et, qu'au final, la vérité demeure toujours dans le verre.

CHARLES-HENRI DE COUSSERGUES
Vigneron

Depuis trois décennies, ils sont quatre à avoir défié le temps, la nature et l'espace pour créer un des vignobles les plus achalandés de la région. Une belle réussite qui réunit des partenaires devenus des amis : Hervé Durand, vigneron et propriétaire du Château des Tourelles, près d'Avignon, qui a acquis la propriété de Dunham en 1982 ; Charles-Henri de Coussergues, vigneron des Costières de Nîmes devenu vigneron québécois depuis 1982 ; Frank Furtado et Pierre Rodrigue, figures bien connues dans le monde du show-business québécois. En associant leur énergie à leur expérience professionnelle pour transformer ces champs de maïs en un charmant vignoble, ces quatre hommes ont prouvé qu'au Québec, on peut élaborer des vins de qualité.

L'ORPAILLEUR
1086, rue Bruce
(route 202)
Dunham
Tél. : 450 295-2763

CÉPAGES CULTIVÉS

BLANCS
SEYVAL BLANC
MUSCAT DE
NEW YORK
GEISENHEIM

65

ROUGES
DE CHAUNAC
FRONTENAC
MARÉCHAL FOCH
SEYVAL NOIR

66

NOTES VITICOLES

67

En matière de viticulture*, l'équipe de L'Orpailleur a été la première à mettre en pratique, en 1996, le système de la lutte raisonnée* qui consiste à intervenir dans le vignoble seulement si nécessaire, contrairement à l'agriculture moderne qui prône systématiquement l'application de produits chimiques.

En effet, à la suite de pluies abondantes, l'apparition d'insectes, tels que l'attise, genre de coléoptère, ou la punaise terne, peut causer énormément de dommages à la vigne. En cas de besoin, on traite les vignes affectées tout en respectant l'environnement. Charles-Henri de Coussergues espère bien s'adonner un jour à la culture biologique, mais il faut avant tout expérimenter certaines étapes viticoles.

Une autre particularité du vignoble concerne le buttage* du seyval qui est un cépage non rustique, donc qui ne résiste pas au froid. Originaire de la Champagne, ce cépage précoce résiste aux maladies. Pour le protéger, on butte le plant à l'automne, c'est-à-dire qu'on le recouvre de terre pour le protéger du gel. Et c'est au printemps qu'on le débutte.

CARNET DE VINIFICATION

Sous la direction de Marc Grau, œnologue à L'Orpailleur, les vendanges manuelles ont lieu généralement entre le 15 septembre et le 15 octobre. Pour le vin de glace, les raisins sont cueillis entre le 20 décembre et le 20 janvier.

Voici les différentes étapes de vinification du vin phare de la maison, L'Orpailleur classique, élaboré avec du seyval blanc à 100 %.

- Le foulage du raisin : écrasement des raisins.
- Le pressurage : on extrait le moût du raisin en séparant le liquide et le solide.
- Le débourbage : cette opération consiste à recueillir le jus clair en le débarrassant de toute pellicule
- Le levurage : application de levures sélectionnées pour provoquer la fermentation alcoolique.
- La fermentation a lieu à froid et permet, sous contrôle, que le sucre se transforme en alcool.
- La chaptalisation : on ajoute du sucre si nécessaire.
- Le passage au froid : grâce à notre climat, cette étape qui stabilise le vin se fait naturellement.
- Le collage : on ajoute une protéine naturelle au vin afin de le clarifier.
- La filtration : on filtre pour débarrasser le vin de ses impuretés.
- L'embouteillage et le collage de l'étiquette.

68

69

« *Avec la passion, on peut surmonter les obstacles et en finale, la vérité demeure toujours dans le verre.* »

Charles-Henri de Coussergues

NOTES DE DÉGUSTATION

L'ORPAILLEUR, CUVÉE SPÉCIALE
(seyval blanc, muscat de New York et geisenheim)
Vin gris semi-doux de couleur rose pâle, notes
fruitées et florales. Idéal comme apéritif, mais
aussi avec des fruits de mer, des sushis et des tartes aux pommes.

LA PART DES ANGES (100 % seyval blanc)
Vin élaboré grâce à une lente fermentation avec de
l'eau-de-vie pendant six ans. Arômes complexes de
torréfaction* et saveurs de noix, de beurre, de miel et
de caramel. Accompagne les desserts, les fromages
et les charcuteries.

L'APÉRID'OR (100 % seyval blanc)
Vin à servir comme apéritif ou avec le foie gras, les
fromages et les desserts. Mistelle* à la robe ambrée,
douce en bouche, avec une bonne longueur, arômes de
pain grillé et de fruits séchés. (Code SAQ : 734533)

L'ORPAILLEUR CLASSIQUE
(100 % seyval blanc) Vin phare du domaine, élaboré
à partir du seyval. Arômes de pomme verte, de
poire, un peu de banane et de buis qui rappellent le
caractère du sauvignon. Désaltérant, avec des saveurs fruitées et surtout une belle fraîcheur. Idéal
avec les huîtres, le homard, les viandes blanches.
(Code SAQ : 704221)

BLANC EN FÛTS DE CHÊNE (100 % seyval)
Notes de fruits et de vanille, on retrouve en bouche un boisé très fondu. Un vin rond, très souple et
bien équilibré. Belle longueur en finale. Servir avec
les fruits de mer, les coquillages, les poissons, les
gibiers à plumes et les fromages doux. Lauréat de
plusieurs prix depuis 1995.

VIN DE GLACE (100 % vidal)
Une grande réussite, primé depuis 2001 dans les
concours internationaux. Arômes puissants et
complexes d'abricot, de mangue, de miel, de fruits
confits. Belle longueur et bon équilibre. C'est un
vin des grandes occasions. À servir comme apéritif
ou avec le foie gras, certains fromages et desserts
légers. (Code SAQ : 10220269)

LA MARQUISE

Vin apéritif ou de dessert fortifié à l'alcool. Nez puissant d'agrumes, de vanille et de fleurs blanches. Saveurs de fruits frais avec une légère finale d'amande. Accord avec des desserts au chocolat. (Code SAQ : 734780)

BRUT DE BRUT (100 % seyval)

Élaboré selon une méthode traditionnelle, c'est-à-dire avec une seconde fermentation en bouteille. Robe franchement dorée, arômes de pomme verte, bulles fines et persistantes. En bouche, souple et bien équilibré.

ROSÉ

(de chaunac, seyval noir, maréchal foch et frontenac) Vin rosé de saignée* et de pressurage*, nez de petits fruits rouges ainsi que de framboise et de fraise. En bouche, on retrouve les mêmes arômes. Bien équilibré et finale agréable et rafraîchissante.

SEYVAL NOIR (seyval noir, maréchal foch et frontenac) Un rouge au nez expressif, rappelant le fruit, le sous-bois et la mûre. Saveurs franches de cerise. Tanins bien fondus et ronds. À servir avec viandes et fromages. (Code SAQ . 743559)

CUVÉE NATASHQUAN

Vin élaboré avec du seyval blanc et vieilli 12 mois en fûts de chêne. Au nez se dévoilent des arômes de tourbe, de sous-bois et d'olive verte. En bouche, on distingue des arômes de vanille et de pâte de coing avec une finale de tabac blond. Un vin de méditation.

MÉMO • L'ORPAILLEUR

Le nom de L'Orpailleur, qui signifie « chercheur d'or », est une création du poète Gilles Vigneault. Pour lui rendre hommage, L'Orpailleur a lancé en 2009 la Cuvée Natashquan 2007 (100 % seyval), un vin vieilli 12 mois en fûts de chêne.

La qualité du produit fini est un gage de succès pour les vins de L'Orpailleur. La plupart ont été lauréats dans les concours internationaux et nationaux.

Notre coup de cœur va au Brut de Brut, le meilleur mousseux au Québec.

Visite guidée • Musée • Restaurant • Aire de pique-nique
Ouvert tous les jours, excepté les 25 décembre, 1er, 2 et 3 janvier.
Mai à octobre : 9 h à 18 h ; novembre à décembre : 9 h à 17 h
Janvier à avril : 10 h à 17 h

71

Profitez de votre passage à L'Orpailleur pour visiter l'Économusée de la vigne et du vin attenant à la boutique et qui présente des expositions sur des thématiques vinicoles, comme l'histoire du liège, la tonnellerie artisanale et l'histoire de la vigne et du vin au Québec à partir de l'époque de Champlain. Plusieurs artefacts retrouvés sur des bateaux témoignent aussi de l'importance historique du vin. Entrée libre.

RESTAURANT LE TIRE-BOUCHON

72

Dans une ambiance d'agapes vinicoles, le restaurant de L'Orpailleur, Le Tire-Bouchon, dont le chef et propriétaire est Gérald Loiselle, offre une cuisine de vignoble préparée avec les vins du domaine. Autant la salle à manger que la terrasse et sa jolie tonnelle se prêtent aux festivités amicales, aux mariages et aux réunions d'affaires. À la boutique du vignoble, les fins gourmets peuvent se procurer moutardes, vinaigres aromatiques et oignons confits élaborés sur place et signés L'Orpailleur Gourmet.

CURIOSITÉS *du coin*

13) STANBRIDGE EAST (400 HABITANTS)

À quelques kilomètres à l'ouest du Vignoble de l'Orpailleur, au carrefour des routes 202 et 237, Stanbridge East vaut le détour. Fondé en 1801, il recèle des trésors historiques et est considéré comme l'un des beaux villages du Québec.

Une visite au Musée Missisquoi, situé au centre du village, explique la vie quotidienne des Loyalistes et présente les premières activités agricoles et industrielles du 19e siècle. Une exposition sur le lac Champlain témoigne de son importance dans la vie des pionniers. Également, on peut en apprendre davantage sur la prohibition des années 1920 et la vente illégale d'alcool. Offrant un joli point de vue sur la rivière aux Brochets et le moulin Cornwell (1830), la visite du Musée inclut celle du magasin général Hodge, situé à quelques pas.

2, rue River, Stanbridge East,
Tél. : 450 248-3153
www.museemissisquoi.ca

En parcourant le village à pied, on peut observer le long du chemin North quelques maisons en brique édifiées par les Loyalistes. En se rendant au numéro 19 de ce chemin, on peut rencontrer le bien nommé Philip Baker, descendant loyaliste qui officie comme boulanger du village. On vient de loin pour se procurer ses pains au goût exquis. Vers la fin août, les tresses d'ail qu'il cultive s'envolent à l'instar de ses bons pains chauds.

www.relaisdesarts.com
• Tél. : 514 249-5837

Au 5, rue River, le Relais des arts est à la fois une galerie d'art et un couette et café. Ce gîte quatre étoiles offre trois chambres au décor campagnard.

VIGNOBLE GAGLIANO
www.vignoblegagliano.com

À la suite de l'acquisition des 10 hectares de vignes du vignoble les Blancs Coteaux dont la totalité du domaine s'étend sur 36 hectares, la famille Gagliano s'est installée à Dunham en août 2008 et, dès son arrivée, elle fut plongée au cœur de ses premières vendanges. Voisins d'autres vignobles dans cette pittoresque vallée, les Gagliano peuvent se targuer d'être les premiers Italiens à cultiver commercialement la vigne dans la région de Brome-Missisquoi. Tous heureux de ce transit de la ville à la campagne, ils ont bien l'intention d'y ajouter leur touche personnelle dans les années à venir. Faisant honneur à leurs racines siciliennes, le rouge demeure manifestement leur vin préféré.

ALFONSO GAGLIANO
Vigneron

Né à *Agrigento* en Sicile, Alfonso Gagliano est devenu vigneron après avoir passé plus de 20 ans dans l'arène politique fédérale. Secondé par sa femme Ersilia et son fils Vincenzo, il retrouve ce goût d'élaborer du vin qu'il a connu dans son enfance, grâce à son père qui l'emmenait vendanger. Dès son arrivée au Canada en 1958, à peine âgé de 16 ans, il commence à faire son propre vin. Quelques années plus tard, on pouvait compter plus de 80 plants de baco noir dans sa cour urbaine. Très féru de livres relatifs à la viniculture et toujours à l'affût des dernières expérimentations viticoles, Alfonso est convaincu que l'on peut faire du bon rouge au Québec. À la poursuite de ce noble défi, il ajoutera qu'« être vigneron, ça implique beaucoup d'éléments, entre autres de la créativité et de l'énergie. »

VIGNOBLE GAGLIANO
1046, rue Bruce
(route 202)
Dunham
Tél. : 450 295-3503

CÉPAGES CULTIVÉS

BLANCS
SEYVAL BLANC
FRONTENAC BLANC

79

ROUGES
FRONTENAC BLEU
FRONTENAC GRIS
SABREVOIS NOIR
PIONNIER

80

NOTES VITICOLES

81

Le frontenac demeure définitivement le cépage phare de la famille Gagliano. D'ailleurs, Alfonso croit fermement que ce cépage rustique, originaire du Minnesota, est celui qui s'adapte le mieux à notre climat. Étant très résistant au froid, il n'a pas besoin d'être butté. De plus, il est très productif, et sa couleur et sa structure se rapprochent le plus des vignes *vitis vinifera**. Membre du Dura-Club*, qui offre entre autres des services liés à la vigne, Alfonso Gagliano intervient seulement s'il est nécessaire de le faire pour protéger la vigne. Deux œnologues d'origine française et possédant une expérience vitivinicole québécoise, Jérémie Hauteville et Richard Bastien, le conseillent tant dans les vignes que dans le chai. À partir d'octobre, les raisins sont vendangés manuellement. Bientôt, les plants de seyval céderont leur place au frontenac qui deviendra le porte-étendard du vignoble Gagliano.

CARNET DE VINIFICATION

La production de vin blanc est de 30 %, tandis que celle du vin rouge compte pour 70 % de la production totale, qui varie de 15 000 à 30 000 bouteilles selon les millésimes.

Voici les différentes étapes de production des vins rouges Gagliano Rosso, élaboré avec du frontenac, du sabrevois et du pionnier, et Trinita, assemblé avec du frontenac et du sabrevois.

Tout d'abord, les raisins sont égrappés. On fait l'ajout de levures et la fermentation dure 15 jours avec des remontages* pour réduire l'acidité. Les raisins sont ensuite pressés et on procède à une fermentation malolactique* qui va diminuer l'apport d'acidité. Par la suite, différentes techniques comme le soutirage*, le collage* et le bâtonnage* sont utilisées pour améliorer la qualité du vin. Puis, le vin subit la présence de copeaux dans les cuves en inox pendant sept à huit mois avant d'être mis en bouteilles.

À surveiller, l'arrivée du Frontenac, un rouge nouvellement mis en marché par le vignoble Gagliano, qui séjourne pendant 12 mois dans des barriques de chêne américain neuves. La première production ne compte que 3000 bouteilles, mais la famille Gagliano espère augmenter au fil des ans la production de ce vin phare du vignoble.

84

Vincenzo, fils d'Alfonso Gagliano aime travailler dans le vignoble tandis que son père préfère œuvrer dans le chai.

83

« Être vigneron, ça implique beaucoup d'éléments, entre autres de la créativité et de l'énergie. »

Alfonso Gagliano

NOTES DE DÉGUSTATION

LE BOISÉ

Vin blanc semi-sec fruité et aux notes boisées, élaboré avec 50 % de frontenac gris et 50 % de seyval. S'accorde avec les fruits de mer et les poissons.

LEVANTE

Vin blanc sec, souple, avec des notes boisées, dont les saveurs de pêche jaune et de poire laissent une certaine fraîcheur en bouche. Élaboré avec 60 % de seyval et 40 % de frontenac gris. Blanc à servir comme apéritif, mais qui accompagne aussi les poissons à chair grasse et les fromages de toutes sortes.

ROMANZA

Vin rosé tuilé aux saveurs de fruits rouges confits, avec une finale ronde. Élaboré avec 50 % de sabrevois et 50 % de frontenac. Idéal comme apéritif, avec les viandes grillées, le poulet et les poissons légers.

GAGLIANO ROSSO

Vin rouge de style beaujolais, légèrement corsé, avec des saveurs fruitées aux notes de framboise et de violette. Élaboré avec 70 % de frontenac, 20 % de sabrevois et 10 % de pionnier, il accompagne grillades, pâtes et pizzas.

TRINITA

Vin rouge de style bordelais aux saveurs de cassis et de cerise, avec des notes de chocolat et de torréfaction et une finale amère, mais bien structurée. Un assemblage de 85 % de frontenac et de 15 % de sabrevois. Accord avec les pâtes en sauce, le gibier, les viandes rouges et les fromages corsés.

PORTOFINO

Vin de dessert fortifié de style porto aux reflets orangés. Notes chaleureuses et confiturées de cerise noire, avec des effluves de pruneau. La finale est confite et intense. Délicieux avec un fromage âgé ou un dessert au chocolat.

BLANCS COTEAUX

Vin de dessert fortifié aux saveurs riches et mœlleuses de fruits, avec des notes d'abricot et d'amande. La finale est astringente, mais persistante. À déguster avec un gâteau quatre-quarts garni de fruits frais.

DOLCE VITA

Vin de vendange tardive aux notes franches et intenses d'orange et d'abricot confits et de rhubarbe. Belle fraîcheur avec une légère astringence en fin de bouche. À déguster seul ou accompagnant crème brûlée, crêpe à l'ananas et tiramisu.

VIN DE GLACE

De couleur ambrée, ce vin offre des arômes de marmelade, de coing, de fruits confits, des saveurs de mangue, d'abricot, de figue sèche, de miel et une finale confite. À déguster avec foie gras ou desserts aux fruits.

MÉMO • VIGNOBLE GAGLIANO

Anciennement les Blancs Coteaux, ce vignoble a adopté le nom de son nouveau propriétaire, fier d'être le premier vigneron italien établi dans la région.

À l'entrée, des écriteaux relatent la saga des premiers viticulteurs québécois. Détails précis et remarquables !

La jolie terrasse offre un des plus pittoresques panoramas viticoles de la vallée de Dunham. Paniers à pique-nique du terroir disponibles ainsi que d'autres délices italiens, comme les saucisses au barbecue. *Buon appetito !*

Visite guidée sur réservation • Aire de pique-nique
Mai à décembre : tous les jours, de 10 h à 18 h

DOMAINE DES CÔTES D'ARDOISE

www.cotesdardoise.com

D'après la petite histoire viticole québécoise, Christian Barthomeuf, considéré comme un pionnier, fit l'acquisition de cette ancienne ferme en 1977 et y planta les premiers cépages en 1980. En reprenant la propriété en main en 1984, Jacques Papillon, chirurgien plasticien, a continué à faire évoluer ce premier vignoble implanté au Québec et l'a ainsi mené au succès qu'il connaît depuis 30 ans. Accoudés sur les premiers contreforts des Appalaches et balayés par une couche d'air chaud, les sept hectares de vignes jouissent vraisemblablement d'un microclimat qui a l'avantage d'écourter les périodes saisonnières de gel et qui permet le débourbage* plus hâtif de la vigne au printemps. L'atmosphère est intime, et les jardins sont très inspirants, surtout quand l'art se jumelle harmonieusement à la viticulture. Des dizaines de sculptures d'artistes québécois sont en effet exposées le long des allées.

JACQUES PAPILLON
Vigneron

Rien ne laissait présager dans le CV de ce médecin l'acquisition d'un vignoble. Sans se qualifier lui-même de connaisseur en vin, même si à une époque il en importait légalement de France, Jacques Papillon se considérait plutôt comme un bâtisseur en devenant propriétaire de ce vignoble. « Je ne dirais pas que j'ai la passion du vin, mais plutôt un intérêt. La passion relève plutôt d'un sentiment humain. J'aime construire au sens large, et c'est pourquoi, depuis 30 ans, j'ai réaménagé le vignoble en créant un environnement harmonieux et convivial, en plus de planter plus de 20 000 pieds de vignes. »

Déjà esthète par son métier de plasticien, il organise depuis 10 ans, au cœur de son vignoble, des expositions de sculptures sur le thème « nature et création ».

**DOMAINE
DES CÔTES D'ARDOISE**
879, rue Bruce
(route 202)
Dunham
Tél. : 450 295-2020

CÉPAGES CULTIVÉS

BLANCS
VIDAL
RIESLING
SEYVAL
AURORE
VEE BLANC

89

ROUGES
SEYVAL NOIR
DE CHAUNAC
CHELOIS
GAMAY NOIR
MARÉCHAL FOCH
LUCY KUHLMANN

90

NOTES VITICOLES

91

«C'est un terroir très particulier dans son essence, mais aussi à cause de ses vignes, qui ont entre 15 et 30 ans », nous dira d'emblée David Cottineau, œnologue français de Nantes et qui œuvre depuis huit ans aux Côtes d'Ardoise. Des premiers cépages *vitis vinifera** qui furent à l'essai dans les années 80, dont le chardonnay et le pinot noir, seul le gamay a pu résister à nos froids hivernaux. Le sol graveleux, avec sa couche d'ardoise qui se profile à un pied de profondeur, confère au blanc plus de minéralité et au rouge un côté terreux. Sachant que chaque cépage se comporte différemment, « on cherche à optimiser le système de taille. Aujourd'hui, on y va cas par cas alors qu'avant on agissait plus en globalité. » Quant au sol, pour l'optimiser, on y ajoute du compost nature. Grâce au microclimat, à l'altitude du vignoble et même à la forêt qui protège des vents, les vendanges peuvent être tardives, c'est-à-dire qu'elles peuvent se dérouler deux semaines avant l'apparition du gel, ce qui permet au raisin d'atteindre sa maturité.

CARNET DE VINIFICATION

Quand j'ai rencontré David Cottineau, il était en train de fouler le maréchal foch qui sera assemblé avec les cépages gamay et lucy kuhlmann pour faire deux vins différents, le Côtes d'Ardoise et le Haute Combe, auquel on ajoute du de chaunac.

Après le foulage, on passe à l'opération d'égrappage au cours de laquelle on débarrasse les rafles* des raisins qui seront transférés en cuves pour macérer avec des levures. Le froid est excellent pour cette opération, car il permet d'extraire plus de matière. La fermentation alcoolique* va durer deux semaines et sera suivie d'une fermentation malolactique* de trois semaines qui permettra de transformer l'acide malique* en acide malolactique. L'élevage en barriques neuves et usagées va durer quelques mois. La touche finale se fera à l'assemblage, qui se déroule en équipe, ce qui est tout à fait inusité. « Tout le personnel participe pour déterminer ce qu'on va mettre dans l'assemblage, explique David. Chaque année est différente. On goûte le moût* en fermentation et on s'adapte à lui sans avoir de recette précise. Ce n'est pas nous qui menons le vin, mais c'est le vin qui nous mène. »

Produire un bon rouge, ce n'est pas facile. D'après David, disons que la qualité des raisins compte pour 60 % du résultat et le talent de l'œnologue, pour 40 %.

« Ce n'est pas nous qui menons le vin, mais c'est le vin qui nous mène. »

David Cottineau, œnologue aux Côtes d'Ardoise

92

NOTES DE DÉGUSTATION

SEYVAL CARTE D'OR

Produit depuis 1985, ce vin blanc semi-sec au parfum minéral et boisé offre des saveurs d'agrumes et de fleurs. Accord avec poissons et fruits de mer et plats en sauce au vin blanc. (Code SAQ : 735019)

RIESLING

Vin blanc sec au nez fruité, aux arômes floraux, bien structuré et avec une finale légèrement épicée. Se marie avec les coquillages, les crustacés et la volaille, également avec les mets asiatiques et les sushis.

LA MARÉDOISE

Élaboré avec du seyval blanc, vin riche et fruité aux notes muscatées et aux arômes floraux. Il est souple, vif et généreux, avec une finale fraîche et amère. À servir comme apéritif ou avec des viandes blanches. (Code SAQ : 734871)

CHARMES ET DÉLICES

Élaboré avec du seyval noir et du chelois, ce rosé offre des arômes typiques de fruits rouges, très frais. À servir comme apéritif ou avec des charcuteries.

HAUTE COMBE

Rouge produit avec du gamay noir, du maréchal foch, du lucy kuhlmann, du de chaunac. Corsé, aux nuances fruitées et épicées, légèrement tannique et bien équilibré entre son acidité et sa structure. Accord avec les mets épicés, les viandes marinées, l'agneau et le gibier.

CÔTE D'ARDOISE

Élaboré avec du gamay noir, du maréchal foch, du lucy kuhlmann, ce vin issu de vignes de 25 ans, aux arômes de fruits mûrs, est souple et bien structuré et s'achève sur une belle finale boisée et fumée. Se marie bien avec les viandes rouges, le canard, les pâtes et les fromages. (Code SAQ : 734889)

GIVRÉE D'ARDOISE

Vin de glace produit avec du vidal, aux arômes de fruits confits, d'abricot et de mangue, avec une persistante longueur en bouche. Liquoreux avec une finesse et une acidité bien équilibrées. Accord avec le foie gras ou un fromage bleu, comme le Bénédictin et l'Ermite, de l'Abbaye de Saint-Benoît, ou Ciel de Charlevoix. (Code SAQ : 719971)

DOMAINE DES CÔTES D'ARDOISE

GIVRÉE D'ARDOISE ROSÉ

Ce vin de glace rosé a été obtenu par l'assemblage du cépage blanc vidal et du rouge seyval noir. Arômes émergents de fruits confits et de mûres sauvages. Délicieux à la fin d'un repas avec des fraises et des framboises.

LES VINS FORTIFIÉS
ESTAFETTE BLANC

Apéritif de type porto avec arômes fumés et notes boisées, épicées et fruitées. Se sert en apéritif avec le saumon fumé ou en digestif avec les fromages doux.

ESTAFETTE ROUGE

Vin doux naturel, de trois ans d'âge, aux allures de porto, avec un nez de fruits mûrs légèrement confits. Riche et puissant, aux notes de vanille, de caramel, de chocolat, de noisette. Finale longue et finement boisée. Se sert en digestif avec les fromages forts et le chocolat noir.

LES VENDANGES TARDIVES
DOUCEUR D'ARDOISE

Issu de la deuxième presse du Givrée d'Ardoise. Moins sucré, mais plus alcoolisé que le vin de glace. Arômes de litchi, d'ananas, d'agrumes, de pêche. À servir comme apéritif ou avec du foie gras, le fromage Riopelle ou un dessert peu sucré.

L'OR D'AUTOMNE

Vin de dessert ou apéritif élaboré avec le cépage aurore. Arômes floraux qui accompagnent à la perfection les fromages bien structurés.

MÉMO • CÔTES D'ARDOISE

Premier vignoble québécois, il a vu le jour en 1980. Le nom Côtes d'Ardoise doit son origine à la présence de couches d'ardoise dans son sol.

Esthétiquement bien aménagé par son propriétaire qui a su rendre les lieux magnifiques.

L'esprit de famille règne au sein du personnel du vignoble. Tous participent aux décisions entourant l'assemblage des vins.

Notre coup de cœur : le vin de glace rosé Givrée d'Ardoise.

Visite guidée • Expositions • Traiteur • Sentier pédestre • Aire de pique-nique
Mai à octobre : du lundi au vendredi, de 10 h à 18 h
Samedi et dimanche, de 9 h à 18 h
Novembre à avril : du lundi au vendredi, de 11 h à 16 h
Samedi et dimanche, de 10 h à 17 h

LA ROUTE DES VINS • 59

L'ART ET LE VIN

Depuis 10 ans, sous le thème « nature et création », une exposition fabuleuse se déroule chaque année de la mi-juillet à la mi-octobre et réunit les œuvres sculpturales de plusieurs artistes québécois au cœur des vignes des Côtes d'Ardoise. Cette excellente initiative du propriétaire Jacques Papillon permet au public de mieux connaître nos artistes et d'encourager leur talent. Un joli sentier pédestre permet de découvrir les œuvres et de les admirer dans une atmosphère bucolique et de grande sérénité. Entrée libre.

14) GÎTE NID DE POULE

Pour se rendre dans cet adorable gîte, empruntez le dixième rang à partir de la 202. La route terreuse vous mène chez Alphonse Alpfonso, personnage haut en couleur, qui vous invite avec son associée et chef Laure Puyravaud à découvrir sa cui-

• le Nid de Poule, 3260, 10ᵉ Rang, Dunham, Tél. : 450 248-0009, www.niddepoule.com

sine gourmande, ses quatre chambres douillettes, sa cabane à sucre, son écurie et son jardin. Si Alpfonso n'existait pas, il serait urgent de l'inventer pour son allégresse et ses dernières légendes bucoliques. L'endroit est très réputé, donc réservez à l'avance.

Si Dunham est le berceau de la viticulture au Québec, il faudrait aussi souligner l'importance de la pomiculture qui est encore très florissante dans cette vallée. Jalonnée de vignobles, la route 202, ou rue Bruce, est aussi parsemée de kiosques où fruits et produits du terroir sont disponibles.

CURIOSITÉS
du coin

15) DOMAINE DE DUNHAM

Ce verger abandonné de 25 000 pommiers a retrouvé ses lettres de noblesse depuis 2004, grâce à Gisèle Larocque et son conjoint Claude Girard, deux urbains métamorphosés en pomiculteurs. Dans cet éden, 20 variétés de pommiers avoisinent poiriers, pommetiers, pruniers et pêchers. De plus, les 1000 plants de vigne produisent du

- 4470, chemin Godbout
Dunham, Tél. : 450 295-1155
www.domainededunham.ca

raisin de table de type frontenac bleu, somerset et muscat, et 500 autres plants de différents cépages sont à l'essai en vue de produire du vin. On peut sillonner à pied ou en voiture ce pittoresque domaine où l'autocueillette est proposée. Bienvenue aux personnes à mobilité réduite, aux familles qui veulent profiter librement de la nature et aux artistes peintres en quête d'inspiration bucolique. Kiosque de vente et aire de pique-nique. À partir de la route 202, empruntez le chemin Godbout.

16) VOICI D'AUTRES ADRESSES INTÉRESSANTES VERS DUNHAM, SUR LA ROUTE 202 :

Cidrerie Fleurs de pommiers
Cidres traditionnels, dégustation, produits du terroir et aire de pique-nique
- 1047, rue Bruce (route 202)
Tél. : 450 295-2223
www.fleursdepommiers.ca

Verger Haute-Roche
- 589, rue Bruce (route 202)
Tél. : 450 295-2615

Verger Maplehearst
- 793, rue Bruce (route 202)
Tél. : 450 295-2295

PARADIS DES FRUITS
Ferme écologique de 100 acres.
Autocueillette de fraises, de framboises, de bleuets, de cassis, de mûres, de raisins de table, de pommes, de poires, de prunes. Miel naturel Charbonneau.
Aire de pique-nique et visite de la ferme.
- 519, rue Bruce (route 202)
Tél. : 450 295-2667
www.paradisdes fruits.com

VIGNOBLE LES TROIS CLOCHERS
vignoblelestroisclochers@qc.aira.com

Niché sur une colline qui offre un joli panorama sur les trois clochers de la ville de Dunham, ce petit domaine familial de 22 hectares compte 4,1 hectares de vignes et a une production de 15 000 bouteilles. Créé en 1986, mais laissé à l'abandon, ce vignoble a été repris en 1997 par Nadège Marion et Robert Brisebois qui restaurèrent chaque plant de vigne, tout en arrachant les *vitis vinifera** (cépages nobles qui survivent rarement à notre froid hivernal). Cette cure de rajeunissement permet aux nouveaux propriétaires d'élaborer leur premier vin en 1998. Tous les raisins utilisés et même le moût pour produire la gamme de leurs sept vins proviennent de la propriété. « C'est un défi, dira Nadège, car il faut trouver des variétés qui s'acclimatent à nos saisons et qui sont aussi savoureuses. » Tout est une question de vision à long terme et aussi de foi pour ce jeune couple qui estime que la viticulture au Québec est encore au stade de la recherche et du développement.

NADÈGE MARION ET ROBERT BRISEBOIS
Vignerons

En quête d'une terre en 1997, ces autodidactes ont trouvé un vignoble abandonné. Nadège, originaire de Saint-Jean-sur-Richelieu et biologiste, et Robert, natif de Montréal et spécialisé en géologie, ont travaillé très fort pour donner une seconde vie à ce vignoble et doubler sa superficie. Ils sont de petits propriétaires viticoles qui ont développe leurs propres connaissances comparativement aux plus grands qui présentent une expertise plus commerciale que la leur. Question de coût, mais aussi de conviction, ils font tout eux-mêmes, jusqu'à leurs propres boutures. Leur défi à long terme est de chercher à mieux maîtriser la culture de leur vignoble.

VIGNOBLE LES TROIS CLOCHERS
341, rue Bruce
(route 202)
Dunham
Tél. : 450 295-2034

CÉPAGES CULTIVÉS

BLANCS
SEYVAL BLANC
VIDAL
SAINT-PÉPIN
FRONTENAC GRIS
GEISENHEIM

104

ROUGES
SEYVAL NOIR
SABREVOIS
CHAMBOURCIN
MARÉCHAL FOCH
CHANCELLOR
FRONTENAC BLEU
LÉON MILLOT
LUCIE KUHLMANN
SAINTE-CROIX

105

NOTES VITICOLES

106

C'est en faisant des essais avec une vingtaine de variétés que Nadège et Robert ont misé sur la culture de six cépages importants (seyval blanc, vidal, seyval noir, maréchal foch, chancellor, frontenac bleu), tout en expérimentant d'autres variétés. Par exemple, le cépage frontenac offre un jus acide, mais quand on le vinifie, il s'arrondit. Nadège ajoute que les vins de la région ne seront jamais des vins de garde, car ils sont très peu tanniques. Grâce à une terre fine, graveleuse et aussi schisteuse, le sol est bien drainé. Ici, on pratique la lutte raisonnée et raisonnable qui stipule une intervention si nécessaire, mais sans l'application systématique de produits chimiques pour lutter contre les insectes ou le mildiou*. La conduite de la vigne est en gobelet* palissé* pour la majorité des blancs et en guyot* pour les rouges, excepté le chancellor. Par contre, les sarments* ne sont pas attachés pour le blanc. Au début de l'hiver, on butte tous les cépages hybrides, à l'exception du frontenac bleu, du frontenac gris et du sabrevois, qui sont des cépages rustiques.

CARNET DE VINIFICATION

Règle générale, la méthode de vinification est classique. Après le pressurage, le moût est fermenté à froid à température contrôlée pendant deux à trois semaines. Les différentes étapes de soutirage*, de clarification*, d'assemblage, de vieillissement avec copeaux de chêne se déroulent au cours de la période hivernale. L'embouteillage se fait généralement dans les mois de juin, juillet et août.

Pour les raisins rouges, on procède au foulage* et on laisse macérer les peaux dans le jus environ une semaine. Ensuite a lieu le pigeage* et c'est à ce moment-là que débute la fermentation. Une semaine plus tard, on presse le jus complètement et on termine la fermentation.

Pour le rosé, on procède au pressurage*, au foulage et à la macération des peaux pendant 10 heures et on presse à nouveau.

Au Vignoble Les Trois Clochers, l'utilisation des copeaux de chêne français est de mise et ceux-ci remplacent les barriques qui sont coûteuses et difficiles à entretenir. À ce sujet, le Nouveau Monde n'a pas la même éthique que le Vieux Continent, où les copeaux ne peuvent être utilisés, en France par exemple, que dans les vins de pays et les vins de table.

Ici, le blanc subit une deuxième fermentation avec des levures, qu'on appelle malolactique*, et qui réduit l'acidité du vin. Pour le vin de glace, les raisins sont passerillés, c'est-à-dire que, dès leur cueillette, ils sont déposés sur des plateaux afin de les sécher. Ils seront ensuite pressés et subiront une fermentation.

Tous les raisins utilisés et même le moût pour produire la gamme de leurs sept vins proviennent de la propriété. « C'est un défi, car il faut trouver des variétés qui s'acclimatent à nos saisons et qui sont aussi savoureuses. »

Nadège Marion

NOTES DE DÉGUSTATION

LES TROIS CLOCHERS
(100 % seyval blanc)
Vin blanc sec, léger et frais aux arômes discrets de pomme. À déguster avec les fromages, la fondue, les gratins, la raclette, les poissons et les fruits de mer.

LES TROIS CLOCHERS
blanc vieilli en fûts de chêne (100 % seyval blanc)
Vin blanc sec, léger et frais, aux arômes discrets de bois et de vanille. Idéal avec les fromages, la volaille et surtout le saumon.

MÉTIS
(seyval noir, sabrevois et chambourcin)
Vin rosé sec aux arômes discrets de framboise. Léger et rafraîchissant, il accompagne tous vos repas : charcuteries, pâtés, saucisses, salades, pâtes, poissons, agneau, etc.

Après avoir butté le cépage geisenheim, Nadège et Robert étalent une toile géotextile qui servira de seconde protection hivernale.

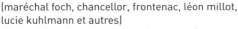

LES TROIS CLOCHERS

(maréchal foch, chancellor, frontenac, léon millot, lucie kuhlmann et autres)

Vin sec, léger à moyen en bouche, aux arômes de fruits rouges mûrs et de confitures, avec une légère sensation de fût de chêne. Accord avec tous les mets, sauf ceux trop épicés.

LES COPAINS D'ABORD

(100 % seyval blanc)

Vin de style vermouth, légèrement sucré, aux arômes d'agrumes et d'orange très rafraîchissants. Servir très frais comme apéritif ou au dessert.

SEYVAL DE DUNHAM

(100 % seyval blanc)

Jus frais légèrement fermenté et muté à l'alcool, style pineau des Charentes ou porto blanc. Servir très frais comme apéritif ou au dessert.

CUVÉE NADÈGE

Vin de glace du Québec, sucré, ample en bouche, arômes puissants de fruits exotiques avec une acidité rafraîchissante. Servir très frais comme apéritif ou au dessert.

MÉMO • LES TROIS CLOCHERS

Tous les vins sont issus de raisins qui proviennent à 100 % du vignoble et sont classés dans la catégorie des vins secs. Les étiquettes sont une œuvre de l'artiste Stéphane Lemardelé.

Au comptoir de la boutique de ce vignoble familial, les propriétaires récoltants vous réservent un accueil très personnalisé pour la dégustation de leurs vins. On peut également s'y procurer des produits cosmétiques locaux dérivés de la chèvre.

Quant aux mordus de ski de fond, ils seront ravis d'apprendre qu'une piste de cinq kilomètres tracée à partir de l'hôtel de ville de Dunham et qui se rend jusqu'au lac Selby traverse la propriété et est ouverte au public.

Visite guidée • Aire de pique-nique • Piste de ski de fond
24 juin au 31 octobre : lundi et mardi, de 12 h à 18 h ; du mercredi au dimanche, de 10 h à 18 h
1er novembre au 23 juin : samedi, de 10 h à 17 h

Suivant l'itinéraire de la carte, les curiosités de ce chapitre se trouvent autour de Frelighsburg. Pour ceux qui voudraient consulter celles du village de Dunham, elles sont détaillées aux chapitres concernant les vignobles Val Caudalies et Clos Ste-Croix.

17) FRELIGHSBURG (1028 HABITANTS)

L'un des plus beaux villages du Québec, Frelighsburg, d'abord habité par les Abénaquis et par la suite colonisé par les Loyalistes à la fin du 18e siècle, a su conserver les traits de son passé en préservant le paysage. Au cœur de cette vallée unique où serpente la rivière aux Brochets, quelques vestiges intéressants de demeures loyalistes préservent le cachet architectural et culturel d'antan : Plus de douze panneaux thématiques jalonnent le village.

LE MOULIN DE FRELIGHSBURG
Situé au centre du village et édifié en 1839 par Abram Frel"gh, médecin hollandais, originaire de l'État de New York, ce moulin marque le début des activités agricoles du village à la fin du 18e siècle. Ayant servi à la transformation du grain jusqu'en 1964, il fut restauré dans les années 1960 et classé monument historique en 1973. Aujourd'hui, cette maison privée demeure une icône importante du passé loyaliste.

FESTIV'ART

L'une des principales activités du village est le célèbre Festiv'Art de Frelighsburg qui présente depuis 15 ans à ciel ouvert le travail de plus de 145 artistes visuels au cours de la première fin de semaine du mois de septembre.
• Pour information : www.festivart.org

CURIOSITÉS
du coin

CIRCUITS PATRIMONIAUX

Pour les amateurs de patrimoine religieux, un circuit permet de découvrir six églises réparties depuis Frelighsburg jusqu'à Saint-Armand, avec des panneaux informatifs. Au cours d'un trajet d'environ 20 km, vous découvrirez l'architecture religieuse des communautés locales protestantes et catholi-

Cimetière Bishop Sreward Mémorial Church of the Holy Trinity.

ques. De plus, il existe, à partir de Frelighsburg, un circuit de 32 km qui permet la visite de 11 cimetières, dont la thématique porte sur la décoration mortuaire. En voiture ou à vélo, profitez-en pour admirer la nature environnante de la région.

Pour information :
• Bureau d'informations touristiques de Frelighsburg
Tél. : 450 298-5630 ou 450 298-5479
www.village.frelighsburg.qc.ca
www.municipalite.saint-armand.qc.ca

AU CHANT DE L'ONDE

Couette et café au cœur du village sur le bord de la rivière aux Brochets. Trois chambres avec salle de bain privée. Location de vélos sur place. Charmant !
• 6, rue de l'Église
Tél. : 450 298-5676
www.auchantdelonde.ca

RESTAURANT AUX 2 CLOCHERS

On y accourt pour sa terrasse estivale qui domine la rivière aux Brochets, pour ses vins locaux et son menu familial qui ne délie pas les cordons de la bourse.
• 2, rue de l'Église, Tél. : 450 298-5086

LES SUCRERIES DE L'ÉRABLE
Ce café-boutique est un passage obligé pour qui raffole des douceurs. La tarte au sirop est un pur délice, comme les brunchs sur la terrasse !
• 16, rue Principale
Tél. : 450 298-5181

Clos
Saragnat

CLOS SARAGNAT
www.saragnat.com

En faisant l'acquisition en 2002 de cette pommeraie de 35 hectares sise sur un plateau du mont Pinacle, Christian Barthomeuf et Louise Dupuis ont eu le talent et l'habilité de la transformer en y plantant un hectare de vignes, mais également de nouveaux pommiers dont plusieurs variétés indigènes. Outre la culture biologique qu'il pratique avec conviction et harmonie, Christian se démarque de ses voisins en labourant entre ses rangs avec sa jument Mona Lisa qu'il a dressée pour ce métier. « À ce propos, je n'ai rien inventé, ajoute-t-il, car les derniers chevaux de la région ont disparu en 1954. Je ne fais que recréer une interaction naturelle entre la vie animale et végétale. » Quant à Louise, au fil de chaque saison, elle pose un regard méticuleux, voire maternel sur chaque plant. Elle confie : « On a perdu un maillon quand la chaîne agricole est devenue industrielle. L'exercice est d'aller chercher cette information qui n'est pas surnaturelle, mais bien normale. »

CHRISTIAN BARTHOMEUF ET LOUISE DUPUIS
Vignerons et pomiculteurs

Avant tout autodidacte et artiste créateur, Christian Barthomeuf, originaire d'Avignon, est bien connu dans la région pour avoir roulé sa bosse comme producteur vinicole et pomicole. En 1979, il fut l'un des premiers à planter de la vigne en fondant le vignoble les Côtes d'Ardoise à Dunham. Puis, en 1989, il devient l'inventeur du cidre de glace à sa propriété La Pomelière. Le Verger Pouvac à Hemmingford, devenu la Face Cachée de la Pomme, l'engage en 1992 pour produire du cidre de glace. Enfin, le Domaine Pinnacle fait appel à ses services, et c'est là qu'il crée le premier cidre de glace pétillant. Au début de l'an 2000, il acquiert avec sa fidèle complice Louise Dupuis un vieux verger de pommes à Frelighsburg où ils élaborent depuis 2005 quatre produits uniques dans un environnement agricole voué au respect de l'écologie.

CLOS SARAGNAT
100, chemin Richford, Frelighsburg
Tél. : 450 298-1444

CÉPAGES CULTIVÉS

BLANCS
VIDAL
GEISENHEIM
GEWURZTRAMINER
MUSCAT DE
NEW YORK
GAMAY

118

ROUGE
GAMAY

119

EN EXPÉRIMENTATION • SAVAGNIN • ÉPINOU • HUMAGNE •
BLANCHE • PETITE ARVINE • NOIR FLEURIEN

NOTES VITICOLES ET POMICOLES

120

Personnage original, Christian Barthomeuf aime bien s'autoproclamer « pay-
san ». Sans diplôme, il avoue avoir planté ses vignes avec un « livre à la main »,
tout en se jurant de pratiquer la culture
bio. Dans sa nouvelle propriété du Clos
Saragnat, il a su recréer un écosystème
qui, contrairement à la monoculture,
prône un équilibre naturel. En s'inspirant de la forêt vierge qui s'émancipe
naturellement, il a planté des fleurs et
des végétaux, en bannissant tout produit chimique. Grâce à la présence des
chevaux, des poules et d'une outarde qui
participent tous au désherbage, il n'utilise aucune machine motorisée, sauf
une voiturette de golf, électrique et si-
lencieuse, qui comble ses besoins. Au fil
des ans, ses vignes se sont dotées d'un
excellent système immunitaire, soutenu
uniquement par la bouillie bordelaise*.
Fait inusité, son vin de glace est élaboré avec du savagnin, cépage ju-
rassien qu'il est le seul à utiliser au Québec.

Le sol de son domaine qui fait partie des Appalaches est non seulement riche, mais aussi sain et, selon lui, c'est une situation très rare.
Fait aussi inédit, Christian cultive des variétés de pommiers sauvages
résistants aux maladies et dont les fruits restent attachés à l'arbre
pendant la saison hivernale : madame langevin, route 237, mont pinacle, saint-armand rouge, saint-armand jaune. On devine bien que les
noms de ces pommiers transplantés sont pour la plupart inspirés par
leur lieu d'origine.

CARNET DE VINIFICATION

Vin de paille

Pour élaborer le vin de paille, on utilise la méthode française qui vient de la région du Jura et qui consiste à laisser sécher les raisins dans des paniers en plastique pendant trois mois. Cependant, au Clos Saragnat, on les fait sécher pendant six mois. Ensuite, les raisins sont pressés et on en retire une goutte de sucre aromatique. La mise en bouteilles se fait lors de la deuxième ou de la troisième année, selon la cuvée.

Vin de glace

La méthode d'élaboration est traditionnelle. Les grappes de raisin sont cueillies directement sur la vigne et ne sont pas laissées dans des filets pour mûrir comme le font la plupart des producteurs. Voilà pourquoi ce vin est élaboré uniquement les années exceptionnelles où la température répond aux normes. La vendange a lieu au premier gel qui affiche entre -7 et -8 °C. La fermentation est longue et la mise en bouteilles se déroule la deuxième année suivant la vendange.

Cidre de glace

Les deux cidres de glace sont obtenus par cryoextraction*. Les pommes sont cueillies gelées lorsque l'intérieur du fruit affiche -10 °C. Elles sont pressées immédiatement et le moût* subit une fermentation pendant un minimum de un an en cuve en inox. La maturation du cidre de glace se fait en cuves en inox pendant une à deux années supplémentaires.

Cidre apéritif L'Apéro...

Cidre de glace obtenu par cryoconcentration* (jus de pommes gelé et non les pommes), muté en eau-de-vie de pommes. Il contient 15 % d'alcool et subit un an et demi de fermentation. Il séjourne deux ans dans des cruches vitrées à l'extérieur et se repose un an en cuve en inox avant d'être mis en bouteilles de 500 ml.

Christian Barthomeuf attelle sa jument Mona Lisa avec une herse.

NOTES DE DÉGUSTATION

PAILLE...

Vin de paille doté d'une grande fraîcheur avec une robe dorée, des arômes floraux, de raisin de Corinthe et de miel des bois. La bouche est sirupeuse avec des notes de zeste d'orange confit. Se marie avec un fromage bleu ou des ananas rôtis.

L'AMER

Un cidre apéritif de couleur ambrée avec des arômes complexes aux notes de sureau, d'écorces d'orange. Les saveurs sont marquées par la macération de plantes, l'attaque est surprenante, mais assez douce. Très bel équilibre entre les taux d'acidité et de sucre. C'est un apéritif d'amateur de bitter.

L'APÉRO

Un cidre apéritif de cinq ans d'âge à la robe ambrée. Les arômes sont miellés avec une touche d'iode. La bouche est délicate et pourvue de notes de coing et fumées.

AVALANCHE

Un cidre de glace assemblé avec des pommes gelées dans l'arbre et des pommes gelées à côté de l'arbre dans des paniers. Arômes de pomme mûre et de caramel, d'une belle fraîcheur. Bouche ronde, riche et généreuse aux notes de fruits confits et avec une pointe d'acidité. À déguster seul ou avec foie gras et fromage âgé. (Code SAQ : 1133221)

L'ORIGINAL

Cidre de glace élaboré avec des pommes 100 % gelées dans l'arbre. Robe jaune cuivrée dont les arômes de caramel au beurre salé et de tarte Tatin mènent à une bouche charnue qui se développe sur des notes de figue et d'abricot sec. Charpente longue avec un bel équilibre entre le sucre et l'acide. Divin avec foie gras, fromage de chèvre et vieux cheddar.

Outre la culture biologique qu'il pratique avec conviction et harmonie, Christian se démarque de ses voisins en labourant entre ses rangs avec sa jument Mona Lisa qu'il a dressée pour ce métier

124

MÉMO • CLOS SARAGNAT

« Saragnat » évoque le nom donné à la famille de Barthomeuf dans le Cantal, dont la signification demeure encore une énigme.

Sis sur un flanc, à la latitude du 45e parallèle, à 2 km des frontières du Vermont, ce joli domaine à la fois viticole et pomicole n'utilise aucun produit chimique depuis 2001 et jouit d'un microclimat.

Spécialisés dans la production de vins et de cidres doux issus de l'agriculture biologique, Christian Barthomeuf et Louise Dupuis sont des artisans qui ont à cœur l'environnement. Ensemble, ils se sont créé un environnement harmonieux afin de retrouver l'essence même de la terre. Dans ce paysage écologique, voire bucolique, se nichent vignes et pommiers qui croissent entourés de pruniers, de poiriers, de noisetiers et d'abricotiers.

Nos hommages à Christian Barthomeuf qui fut en 1989 le créateur du cidre de glace au Québec et a été le lauréat de plus de 45 médailles d'or internationales.

Visite guidée sur réservation
Mai à octobre : du lundi au vendredi, de 10 h à 18 h
16 mai au 12 octobre : tous les jours, de 10 h à 17 h
Hors saison, consultez les horaires sur le site Internet.

18) CIDRERIE DOMAINE PINNACLE

À quelques mètres au sud du Clos Saragnat et sise sur un des flancs du mont Pinacle, cette cidrerie familiale mondialement réputée est la propriété de Susan et Charles Crawford. Pommeraie de 175 hectares, elle a trouvé sa nouvelle vocation en 2000, lors de la production du premier millésime du cidre de glace. Parmi la gamme de cinq produits, le cidre de glace, lauréat de 42 médailles, est vendu à travers le monde, jusqu'en Chine et en Russie. Dégustation sur place. • 150, chemin Richford, Tél. : 450 298-1226, www.domainepinnacle.com

LA ROUTE DES VINS • 76

CLIN D'ŒIL SUR DEUX ROUES
Sur le chemin Richford qui mène à la frontière des États-Unis, notez la fameuse Joy Hill, éprouvante montée ou belle descente, chérie par les cyclistes et particulièrement par le journaliste Pierre Foglia.

19) LA GIRONDINE

La sympathique famille Desautels vous invite à découvrir sa ferme d'élevage et sa délicieuse table champêtre. Spécialisée dans l'élevage du canard, du lapin, de la pintade et de l'agneau, elle vous offre dans sa boutique des produits artisanaux de sa propre ferme.
• 104, route 237, Tél. : 450 298-5206
www.lagirondine.ca

MIEL MILLETTE

Cette boutique ouvre ses portes sur les produits de la ruche dont le miel naturel, aux nombreux parfums : centaurée, fleurs de pommiers, trèfle et fleurs sauvages. En saison, sont également disponibles pommes, cidres, gelées, etc.
• 61, rue Principale, Tél. : 450 298-5297

CURIOSITÉS *du coin*

20) MAISON ADÉLARD GODBOUT

Sur le chemin Saint-Armand, à un kilomètre depuis Frelighsburg, au milieu d'une pommeraie, vers la droite, il y a une jolie maison, moitié pierre et moitié brique, construite en 1840. Elle fut acquise par Joseph-Adélard Godbout, premier ministre du Québec de 1936 à 1944, à qui l'on doit notamment d'avoir donné le droit de vote aux femmes en 1941.

21) DOMAINE DES CHUTES

Véritable oasis dans une nature sauvage, ce gite quatre soleils offre une vue stupéfiante sur des

cascades d'eau et sur le mont Pinacle. Le petit déjeuner gourmand sur la terrasse qui domine ce panorama est convivial, comme l'accueil que nous réservent les hôtes, Johanne Ratté, joaillière, et Jacques Lajeunesse, artiste peintre. Le 2ᵉ étage fait office d'école où sont prodigués des cours de dessin et de peinture.
6, chemin des Chutes
Tél. : 450 298-5444
www.chutes.qc.ca

22) AU CŒUR DE LA POMME

Ce joli verger propose l'autocueillette, une visite guidée (sur réservation) et plusieurs produits artisanaux : cidres, confits, chutneys, moutardes, gelées, etc.
• 42, route 237, Tél. : 450 298-5319

23) MONT PINACLE

Faisant partie du corridor appalachien, le mont Pinacle, avec son élévation de 710 mètres, offre une nature sauvegardée grâce à la persévérance de citoyens « verts », dont La Fiducie foncière du mont Pinacle. Cette société sans but lucratif propose de mai à octobre des balades dans deux sentiers d'interprétation de la nature et des activités éducatives pour toute la famille axées sur la flore. Au départ de Frelighsburg, roulez environ 6 km sur la route 213, puis tournez à droite sur le chemin du Pinacle.
• Tél. : 450 522-3367
www.montpinacle.ca

VAL CAUDALIES, VIGNOBLE ET CIDRERIE
www.valcaudalies.com

9

Surplombé en arrière-plan par le majestueux mont Pinacle, le domaine Val Caudalies se repère facilement grâce à l'immense grange de couleur bourgogne qui lui sert de chai. À quelques kilomètres au sud de Dunham, cette ancienne ferme modèle, où petites baies rouges, pommes et pommes de terre étaient cultivées par la famille Tremblay depuis 1945, a pris une tout autre vocation depuis 2005. Les trois nouveaux propriétaires, Guillaume, Alexis et Julien, l'ont redynamisée en y plantant plus de 20 000 pieds de vigne, tout en conservant 1500 pommiers. Passionnés de cidre, mais devenant au fil des dernières années des producteurs de vins, les jeunes entrepreneurs ont voulu garder cet équilibre entre la pomme et le raisin. Et ils ont bien réussi leur pari. Issue de six hectares de vignes, la production de vins est d'environ 15 000 bouteilles, tandis que les 1500 pommiers donnent plus de 13 000 bouteilles. La qualité de leurs produits n'a d'égal que leur esprit d'innovation.

GUILLAUME LEROUX, ALEXIS PERRON ET JULIEN VAILLANCOURT
Vignerons et cidriculteurs

Amis d'enfance, ces trois jeunes entrepreneurs, Guillaume Leroux, le gestionnaire du domaine, Alexis Perron, le décisionnaire, et Julien Vaillancourt, le chef de culture et du chai, ont réussi en quelques années un coup de maître en mettant sur pied un domaine à la fois vinicole et cidricole.

Au début de ce projet de vie, ils étaient âgés de 25 ans, et ils se sont mis à suivre stages et cours relatifs à la vigne et au pommier. Aujourd'hui, ils parlent plutôt « d'un investissement de vie » et sont heureux de récolter le fruit de leur dur labeur. À l'unanimité, ils avouent « qu'il n'y a qu'au Québec que trois jeunes peuvent créer un vignoble jumelé à une pommeraie avec en plus une vision d'entreprise ».

VAL CAUDALIES
4921, rue Principale
Dunham
Tél. : 450 295-2333

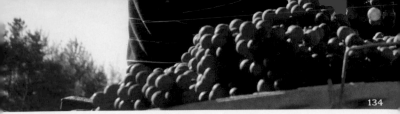

CÉPAGES CULTIVÉS

BLANCS
VIDAL
GEISENHEIM

135

ROUGES
CHAMBOURCIN
DE CHAUNAC
MARÉCHAL FOCH
LUCY
KUHLMANN

136

NOTES VITICOLES ET CIDRICOLES

Même si les 20 000 ceps de vigne n'ont que six ans, ils sont déjà en mode production. La culture du vidal domine à 75 % avec 12 000 plants de vigne. Le geisenheim compte pour 10 % de la production et le rouge, pour 15 %. Les trois associés préfèrent cultiver de petits lots où « la qualité commence dans la vigne et finit dans la bouteille ».

La conduite de la vigne est en gobelet* et bien aérée. En gardant le cep principal très court, le buttage* est de mise pour protéger la vigne des froidures de l'hiver, tandis que le débuttage* au printemps ralentit le débourrement*. « On ne lève pas le nez sur le buttage et le début-tage, qui confèrent une récolte plus constante », affirme Guillaume. De plus, pour s'assurer qu'ils ont d'efficaces méthodes de culture et d'arrosage, les trois associés sont membres du Dura-Club*, un centre d'expertise qui prône une agriculture durable et conseille les agriculteurs. Aussi, deux ou trois fois par année, les œnologues Jérôme de Hauteville et Richard Bastien, respectivement d'origines lyonnaise et bourguignonne, se pointent chez Val Caudalies pour prodiguer leurs conseils.

137

Les variétés de pommes cultivées sur le domaine sont : Vista Bella, Paulared, Lobo, Melba, Jerseymac, McIntosh, Empire, Spartan, Liberty et Cortland. Cinq de ces variétés entrent dans l'élaboration des cidres.

CARNET DE VINIFICATION

Le vin blanc est élaboré à 100 % avec le cépage vidal. La vendange a lieu quand les raisins sont à leur maturité optimale. Ils subissent un pressurage pneumatique qui permet d'extraire doucement un moût de qualité. Sur une partie du lot, on applique des levures œnologiques sélectionnées. Ensuite, sur une partie du moût*, on procède à la fermentation malolactique* à basse température, qui diminue l'apport fruité, mais réduit l'acidité. Les dernières étapes sont la filtration et la mise en bouteilles. Aucune barrique n'est utilisée, car l'objectif premier est d'élaborer un vin aux notes fruitées plutôt que boisées.

Le vin rosé est élaboré à partir d'un assemblage judicieux des qualités particulières de quatre cépages, soit les chambourcin, de chaunac, maréchal foch et lucy kuhlmann. Le vin de presse est récupéré pour être fermenté à basse température afin de maximiser les saveurs fruitées. La mise en bouteilles a lieu sept mois plus tard.

L'équipe de Val Caudalies s'est réunie pour procéder à l'étape de l'embouteillage.

138

Élaboration du cidre de glace et du cidre liquoreux

Produits avec cinq variétés de pommes, soit les Cortland, McIntosh, Empire, Liberty et Spartan, le cidre de glace et le cidre liquoreux sont obtenus par cryoconcentration* des moûts de pomme sous l'action naturelle du froid de l'hiver. Un sirop extrêmement concentré en sucre et en saveurs est recueilli et est fermenté à basse température durant plusieurs semaines.

Le cidre léger est élaboré de la façon suivante : les pommes sont récoltées à leur maturité optimale, subissent un pressurage pneumatique et un temps de fermentation. Ensuite, le jus est filtré et mis en bouteilles.

NOTES DE DÉGUSTATION

VIDAL

Vin demi-sec, très aromatique et rafraîchissant. Le vin est équilibré avec une attaque franche, un fruité exubérant et une finale sur des notes d'agrumes. À déguster seul comme apéritif ou au cours du repas, accompagné de poissons, de fruits de mer, de viandes blanches ou de fromages.

ROSÉ

Vin rosé très sec, fruité et vif, à la robe intense et à la texture grasse. Ses arômes principaux sont la cerise et les petits fruits rouges. À servir seul ou tout au long du repas, accompagné par exemple de chèvre chaud, de charcuteries ou d'un plat où domine la tomate.

VENDANGE TARDIVE

Élaboré à partir du vidal. Arômes de fruits exotiques et de litchi. Bien moelleux en bouche sur une finale d'agrumes qui laisse l'impression d'une certaine fraîcheur. Excellent apéritif, et accompagne bien les fromages, les charcuteries. Exquis également au dessert.

RÉSERVE D'ÉOLE

Cidre de glace haut de gamme, complexe et très riche en sucre et en arômes. La pomme confite domine, mais il révèle aussi des saveurs de noix, de pépin et de pain grillé qui se conjuguent dans une finale enveloppante et persistante.
Servir très frais, entre 4 °C et 6 °C, seul ou accompagné de foie gras, de terrines, de pâtés, de fromages affinés, de desserts fruités ou chocolatés.

HUMEUR D'ÉOLE

Ce cidre liquoreux est légèrement moins sucré et à teneur plus faible en alcool que le cidre de glace. Un cidre unique en son genre, présentant un équilibre rafraîchissant entre acidité et sucre, des arômes de pomme, d'ananas et de poire, à la fois vif et moelleux. Servir très frais, entre 4 °C et 7 °C, seul ou accompagné de foie gras, de terrines, de pâtés, de fromages affinés, de desserts fruités ou chocolatés. Il s'accorde aussi à merveille avec des mets épicés ainsi que les sushis. Ce cidre liquoreux peut remplacer de façon originale et exquise les vins de vendanges tardives ou les vins liquoreux traditionnels.

140

LÉGER D'ÉOLE

Ce cidre frais est d'une légèreté désaltérante. Ses arômes délicats de fleurs de pommiers le rendent subtil et agréable. À servir frais, entre 8°C et 10 °C, seul ou tout au long du repas, accompagné d'un rôti de porc, de veau, ou alors au brunch, par exemple sur les crêpes bretonnes.

« Il n'y a qu'au Québec que trois jeunes peuvent créer un vignoble jumelé à une pommeraie et avoir une vision d'entreprise. »

Guillaume, Alexis et Julien

141

MÉMO • VAL CAUDALIES

Le mot « val » évoque la géographie vallonnée de l'endroit. « Caudalies » est un terme de dégustation qui signifie « persistance aromatique ».

Deux raisins de table sont cultivés au domaine, le Somerset et le Montreal blue, et sont offerts en autocueillette. Belle initiative! Il faut s'enquérir au vignoble de la date de disponibilité des raisins.

À la mi-juillet, un festival folk et vins prend place au vignoble et permet de découvrir des groupes d'artistes et également les vins et les restaurateurs de la région. Pour consulter l'horaire du festival, consulter le site www.seriedecantee.com.

Autocueillette de raisins de table et de pommes • Aire de pique-nique • Randonnée pédestre • Festival folk

Mi-mai à novembre : du mercredi au dimanche, de 10 h à 18 h
Décembre : samedi et dimanche, de 10 h à 17 h
Janvier à mai : sur réservation

CURIOSITÉS *du coin*

8 *février* 1918.

142

Dunham, 1918.

24) DUNHAM (3460 HABITANTS)

Premier canton officiel du Bas-Canada en 1796, mais devenue officiellement un village en 1867, cette charmante municipalité a connu l'arrivée de ses premiers habitants en 1820. Aujourd'hui, Dunham a conservé ses empreintes loyalistes grâce à ses belles demeures de 1840 qui jalonnent la rue principale. Devenue le berceau de la viticulture au Québec, elle se fait aussi le point de rencontre de producteurs de petits fruits, de légumes, de cidre, de pommes, de maïs, de sirop d'érable, etc.

À PIED OU EN VÉLO

Un circuit patrimonial vous mène à la découverte de la campagne environnante, mais aussi de 15 belles demeures de Dunham dont l'histoire est relatée par des panneaux d'interprétation extérieurs placés devant chacune d'elles. Pour l'itinéraire et la carte du circuit en vélo, rendez-vous au Bureau d'information touristique.
• 3638, rue Principale Tél. : 450 295-2273

AUBERGE DES VIGNOBLES

Au cœur de Dunham, anciennement l'Auberge Aux Douces Heures. Les hôtes Francis Cansier et Françoise Del-Vals vous réservent un accueil chaleureux, des chambres confortables et une table d'hôte aux saveurs provençales. La formule « apportez votre vin» est permise et voire tout indiquée, après une virée dans les vignobles.
• 110, rue du Collège, Tél. : 450 295-2476
www.giteetaubergedupassant.com

143

ÉRABLIÈRE HILLTOP

Conviviale maison où vous est offert un menu classique de cabane à sucre, rehaussé d'une délicieuse saveur artisanale. Faites vos réservations ! Pour s'y rendre à partir de Dunham, prendre la 202 ouest et tourner à gauche sur Symington.
• 4329, chemin Symington
Tél. : 450 295-2270

144

Maison de style Second Empire avec son toit en mansarde, ses lucarnes et son campanile, elle fut construite en 1821 par William Baker.

LA ROUTE DES VINS • 84

CURIOSITÉS
du coin

COULEUR CAFÉ
Cuisine familiale. Menu coloré de salades et de plats rapides avec carte de vins locaux.
• 3819, rue Principale
Tél. : 450 295-2222

147

UN RELAIS HISTORIQUE
• 3809, rue Principale, Tél. : 450 299-2003
Ce petit centre commercial pourrait être surnommé « Le 1860 », date à laquelle il fut édifié pour permettre aux voyageurs en provenance du Vermont de faire une pause. Le Relais de la Diligence abrite aujourd'hui quelques commerces.

La terrasse du Bistro Homei avoisine la microbrasserie Brasseurs et Frères dont Jean, Gaëtan et Bernard Gadoua sont les propriétaires.

BISTRO HOMEI
Le **Bistro Homei** offre une cuisine de tendance asiatique avec quelques ingrédients locaux. On aime les rouleaux de printemps, on savoure la salade Homei et on craque pour le fish and chips à la bière rousse avec bien sûr des vins locaux.
• Tél. : 450 284-0522

Ils sont les seuls dans la région à créer des bières Ale et Lager 100 % naturelles. Originalité maison : une bière à la citrouille plusieurs fois médaillée.
Tél. : 450 295-1500

149

Suite des curiosités de Dunham à la page 92

VIGNOBLE CLOS STE-CROIX
www.closstecroix.ca

10

Pour un vignoble québécois, il est tout à fait inusité d'être situé au cœur même d'un village. Bien campé sur la rue principale de Dunham et se profilant derrière une jolie demeure de style géorgien, le vignoble Clos Ste-Croix s'ouvre sur un immense jardin où il fait bon flâner. Ce qui servait de pied-à-terre champêtre est devenu en 1990 un vignoble semi-campagnard de deux hectares et demi, grâce à son propriétaire Pierre-Paul Jodoin. En cultivant tout d'abord des cépages rouges, il s'est attiré un profond scepticisme de la part de son entourage. « Personne ne croyait qu'on pouvait produire du rouge au Québec. C'est un défi qui a exigé un acte de foi », affirme Pierre-Paul. Secondé depuis 1997 par Jean-Paul Martin, œnologue d'origine française, il est très confiant en la performance du cépage sainte-croix, dont la première récolte remonte à 1994 et qui offre de nombreuses possibilités dans notre climat.

LA ROUTE DES VINS • 87

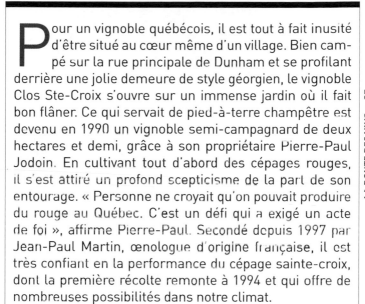

PIERRE-PAUL JODOIN
Vigneron

Le souvenir de ses oncles cultivateurs ainsi que ses balades au marché Bonsecours à Montréal ont beaucoup marqué Pierre-Paul Jodoin. C'est ce qui a fait grandir sa passion pour la campagne et l'a incité à troquer son titre de citadin pour celui de vigneron. Ce qui fut au début un passe-temps vinicole est vite devenu une folie qui fera dire à Pierre-Paul : « J'ai suivi avec passion la métamorphose de ma terre en y voyant grimper la vigne. J'ai tellement eu la piqûre que je me suis toujours dit que je voulais mourir entre deux vignes et que mes cendres y soient répandues. » Mais le temps présent l'interpelle avec d'autres défis, comme la mise sur pied d'un sentier ouvert au public et également un champ de blé biologique pour alimenter la boulangerie voisine du vignoble.

**VIGNOBLE
CLOS STE-CROIX**
3734, rue Principale
Dunham
Tél. : 450 295-3281

CÉPAGES CULTIVÉS

BLANCS
VIDAL
SEYVAL BLANC
MUSCAT

153

ROUGES
SAINTE-CROIX
MARÉCHAL FOCH

154

NOTES VITICOLES

155

Au fil de ses 30 ans d'existence, ce petit vignoble est devenu, pour son propriétaire, aussi précieux que la prunelle de ses yeux. Après de nombreux voyages dans les vignobles européens, Pierre-Paul Jodoin a opté pour le simple guyot* comme type de conduite de la vigne plutôt que le double pour les cépages rouges. Par contre, le seyval blanc est plutôt en gobelet et c'est le seul qui se plie au buttage* pour le préserver des froids hivernaux. Au départ, la vendange verte que l'on fait au milieu de l'été pour éliminer les grappes de raisin qui ont un problème de mûrissement favorise une meilleure qualité de raisins. Dès la véraison*, on étend les filets sur les vignes afin de les protéger contre les multiples prédateurs, peu importe qu'ils soient de la famille des oiseaux, des ratons laveurs, des chevreuils, etc. En cas de pluies abondantes, l'application de pesticides et de fongicides est nécessaire pour combattre les maladies de la vigne.

CARNET DE VINIFICATION

Au Clos Ste-Croix, on vinifie à la bourguignonne, c'est-à-dire qu'on procède à une macération* longue de sept à neuf jours et à cinq jours de remontage*. Pierre-Paul Jodoin constate que le cépage sainte-croix est versatile, mais offre un beau vieillissement, tandis que le maréchal foch est bon, mais doit se boire jeune.

Lors du vieillissement, aucun vin n'est placé dans des fûts de chêne dans le but d'éviter de tronquer le goût. Les vins rosés, rouges et le mi-sucré sont élaborés avec le sainte-croix, cépage fétiche du vignoble.

Quant au rosé, il est élaboré à partir du sainte-croix et étonnamment du vidal. À partir des deux cépages vinifiés séparément, on procède à des assemblages. Le sainte-croix donne le goût fruité et le vidal, le minéral. Voilà une façon inusitée de faire du rosé à partir d'un assemblage de rouge et de blanc qui est une méthode interdite dans les pays européens, sauf en Champagne pour élaborer le champagne rosé.

Le fouloir égrappoir a pour but de faire éclater les grains de raisin et séparer les rafles des baies,

L'ouvrier viticole Brian Côté presse le raisin avec un pressoir en bois manuel.

NOTES DE DÉGUSTATION

SEYVAL

Vin clair, jaune très pâle, au léger goût d'agrumes. Issu de vignes de 15 ans et légèrement additionné de vidal (10 %), il se boit à une température entre 10 °C et 12 °C, comme apéritif ou pour accompagner viandes blanches, poissons, fruits de mer et plats en sauce blanche.

ROSÉ

La versatilité du cépage sainte-croix permet de créer ce rosé de pétales dont le goût rappelle la finesse des saveurs de fruits du début de l'été. Ultra-léger, facile à boire, ce rosé peut tout accompagner, à toute heure. Mais il convient particulièrement à la truite et au saumon. Il est plein de simplicité et de mystères, aussi agréable qu'éphémère. Il se boit jeune, à 10 °C de préférence, au cours de l'année de sa production.

STE-CROIX DE DUNHAM

Un vin rouge foncé et profond, provenant de vignes plantées entre 1990 et 1995, vinifié sans passage en fûts. Léger, très fruité, avec des saveurs de framboises et de mûres. Rafraîchi, il se boit bien comme apéritif ou accompagne parfaitement les plats de viande en sauce, les sauces à l'italienne, les viandes sauvages et les fromages. Ce vin se boit après trois ans et a un potentiel de garde de dix ans. Le passer en carafe permet d'en apprécier toutes les saveurs.

MARÉCHAL FOCH

Vinifié sans passage en fûts, ce vin rouge légèrement ambré convient bien aux grillades de tous genres (agneau, bœuf, porc, cerf). À partir de trois ans, il perd ses notes vertes au profit d'un goût et d'une puissance que les amateurs de vin de caractère apprécient. Il est toujours préférable de passer ce vin en carafe pour en apprécier toutes les saveurs.

« J'ai suivi avec passion la métamorphose de ma terre en y voyant grimper la vigne. J'ai tellement eu la piqûre que je me suis toujours dit que je voulais mourir entre deux vignes et que mes cendres y soient répandues. » Pierre-Paul Jodoin

MUSCAT

Vin doré, doux, intense et riche, il se boit frais, autour de 12 °C.

Son goût offre des saveurs subtiles de figues et de fruits séchés. Comme apéritif, avec les fromages à pâte molle ou semi-dure et tout aussi bien au dessert, ce vin apporte une note de fantaisie pleine de charme.

LORD DUNHAM

Issu du vin Ste-Croix, Lord Dunham est un vin rouge fortifié à l'alcool et très légèrement sucré. En ressortent des saveurs de fruits rouges et de noix pour accompagner à merveille les goûters de charcuteries ou les fromages en fin de repas et les desserts. À servir comme gourmandise avec le chocolat !

159

MÉMO • CLOS STE-CROIX

« **Ste-Croix** » fait référence au nom du cépage et, heureuse coïncidence, à celui de la paroisse catholique de Dunham.

Une exposition de peinture se tient pendant la saison estivale au vignoble. On peut y admirer les tableaux de divers artistes.

Très colorées et expressives, les étiquettes des vins du Clos Ste-Croix sont l'œuvre de l'artiste peintre Hélène Lessard de Dunham.

Visite guidée sur réservation • Aire de pique-nique • Sentiers pédestres
Ouvert tous les jours, de juin à la mi-octobre, de 11 h à 18 h

Située dans le bâtiment historique Le Relais de la Diligence, la boutique de sucrerie **Chocolats Colombe** créée par Colombe Ménard fait aussi dans la confiserie gourmande de toutes sortes.

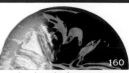

www.chocolatscolombe.com

En face, **La Rumeur Affamée** vient titiller nos papilles avec ses viennoiseries et ses pains originaux, ses sandwichs gourmands, ses fromages québécois et étrangers et son épicerie fine.
• Tél. : 450 295-2399

savonneriepoussieredetoile.com

Tout au fond, **La Savonnerie Artisanale Poussière d'Étoile** offre des douceurs pour le visage et corps, savon à l'huile d'olive, lait de chèvre, beurre de karité certifié équitable, produits pour le bain et boutique cadeaux.
• Tél. : 450 284-0535

LAPERLE ET SON BOULANGER
Tous deux inspirés par l'artisanat qui est à la base de la boulangerie, Julie Laperle et Bernard Bélanger travaillent avec la farine depuis 10 ans. Ils ont à cœur le respect des matières et c'est pourquoi ils offrent un éventail impressionnant de produits faits à la main, comme des fougasses, des croissants, des carrés aux dattes, à base de farine moulue sur meule de pierre et sans aucun additif : kamut, épeautre, etc. Que du pain, dans sa pureté !
• **3746, rue Principale, Tél. : 450 295-2068**

CURIOSITÉS *du coin*

ANTIQUAIRES DUNHAMIENS

164

Découvrez un merveilleux inventaire de 350 000 à 400 000 objets hétéroclites comprenant vaisselle, meubles, bibelots, lampes, cruches en grès et outils dénichés par Rosaire Robitaille et Suzanne Dubé.

- **Au fil du temps**, 3784, rue Principale, Tél. : 450 295-3209

La boutique **Antiquités G. Chamberland** vous propose une sélection de magnifiques pièces en pin et d'époque victorienne avec services de vente, d'achat et de finition.

• 3768, rue Principale
Tél. : 450 295-1490
www.antiquesgc.com

165

BRÛLERIE ANCESTRALE DE DUNHAM

166   Torréfaction artisanale
Thés et tisanes
Boutique cadeaux
Épices
Accessoires spécialisés   167

Un arrêt espresso, cappuccino ou autres s'impose chez Dominique Froment qui torréfie son café sur place et qui propose aussi des cafés biologiques et équitables.

• 3757, rue Principale, Tél. : 450 295-1077

25) LE CHEMIN DES ARTISTES

L'aquarelliste Jean Villeneuve s'inspire de la nature environnante pour créer des tableaux très colorés. Visite sur rendez-vous.
135, chemin Favreau

Tél. : 450 295-2882
www.jeanvilleneuve.com

La potière **Naomi Pearl** façonne des articles de table, prenant modèle sur la poterie ancienne japonaise. Visite sur rendez-vous.
• 986, chemin Favreau
Tél. : 450 295-1351, www.naomipearl.com

SAVOIR FER

Dans sa boutique, l'artiste ferronnier André Boudreault nous emmène dans cet univers en voie de disparition qu'est l'art du métal. Il met à votre disposition ses services et ses habiletés, vous permettant de commander des pièces ornementales ou fonctionnelles. Une créativité et une technique exceptionnelles ! Visite sur rendez-vous.

859, chemin Favreau
Tél. : 450 295-2826
www.savoirfer.net

LA FRAÎCHEUR DU TERROIR

Cette entreprise maraîchère familiale, mise sur pied par Jean-Marie Rainville en 1994, porte bien son nom de « terroir ». Secondé par sa femme Denise et son fils Jonathan, ce passionné de la nature cultive des asperges disponibles au début de mai, des tresses

d'ail et plus de 10 variétés de courges. Fraises, framboises et même citrouilles sont offertes en autocueillette. De plus, une gamme d'une vingtaine de légumes (laitues, tomates, concombres, oignons, carottes, etc.), tous produits localement, est quotidiennement offerte dans leur kiosque situé sur la route 202, à quatre kilomètres au nord de Dunham. Une sélection de tartes, pâtés, tourtières, confitures, gelées, sirops, marinades et vinaigrettes maison est proposée tous les jours du début de mai jusqu'au 24 décembre.
• Le Terroir, 3115, rue Principale, Tél. : 450 295-3266

CURIOSITÉS
du coin

26) FERME CHIAPPUTO

Cet élevage de wapitis offre aussi sangliers, bisons, agneaux de lait, porcelets et poulets de grain. Les propriétaires, Vittorio et Ann Chiapputo, proposent plusieurs produits dérivés, teintés d'une petite touche italienne. Ouverts à l'année, ils proposent un méchoui festif (sur réservation seulement) !

• 2342, rue Principale
Tél. : 450 266-2460

LE BLEUET DUNHAMIEN

Avec son champ comptant 4300 plants de bleuets géants, la Bleuetière Benoît a des allures de mine d'or ! Sept variétés de fruits sont disponibles en autocueillette en plus de quelques douceurs typiques : la tartinade aux bleuets et les bleuets enrobés de chocolat. La saison s'étend de la mi-juillet à la fin août.

• **Bleuetière Benoît
2676, chemin Vail, Tél. : 450 295-2326
www.bleuetierebenoit.qc.ca**

172

27) LE MURMURE DU PRINTEMPS

En empruntant le chemin Vail, à quatre kilomètres au nord du centre de Dunham sur la route 202, rendez-vous chez Pierre Cormier et sa femme Marie-Josée Potvin, acériculteurs réputés de la région. Cette érablière compte plus de 20 600 érables entaillés qui produisent du sirop, grâce à un système de tubulures qui aspirent la sève et mesurent, mises bout à bout, environ 230 km. Chaque lot de leur sirop est inspecté, goûté et analysé chimiquement par l'organisme Sirop Pro.

En soi, le sirop, c'est un produit naturel à 100 % biologique, car il ne contient aucun additif s'il est élaboré dans les règles de l'art. Grâce au microclimat dunhamien, Pierre et Marie-Josée sont souvent les premiers à entendre le murmure de leurs érables, entre mars et le 5 avril.

173

Il est possible de visiter la cabane à sucre où l'on peut observer les différentes étapes d'élaboration du sirop tout en goûtant à d'autres produits : sucre, beurre, tire, bonbon et gelée, tous dérivés de l'érable. Autres points de vente : La Sucrerie de l'Érable à Frelighsburg et La Rumeur Affamée à Dunham.

• 2024, chemin Vail, Tél. : 450 266-1319

VIGNOBLE LES DIURNES
www.vignoblelesdiurnes.ca

11

Sis sur un versant aux attraits bucoliques, ce charmant vignoble se juxtapose à la ville de Cowansville, aux confins d'un zonage vert et blanc. En regardant vers le sud-ouest, la perspective sur les monts Sutton et Pinacle est stupéfiante. Quand il a acquis cette ferme en 1983, Douglas Henderson était loin de se douter qu'en 2001, ses 250 bœufs Angus allaient céder leur place à une nouvelle passion : un vignoble. Grâce à ses 25 000 pieds de vigne, il produit environ 10 000 à 15 000 bouteilles annuellement. Construit avec du bois de grange récupéré, le chai est attenant à la salle de dégustation d'où l'on peut apercevoir, bien enlignées, les cuves en inox et les barriques où vieillit le précieux nectar des Diurnes.

DOUGLAS HENDERSON
Vigneron

Douglas Henderson, d'origine écossaise du côté paternel, ancien éleveur de bétail et ingénieur de formation, et son fils ont eu l'idée par un jour enneigé de février 2001 de mettre sur pied un vignoble. Idée farfelue qui a bien germé au fil des ans et qui se concrétise aujourd'hui avec 10 hectares de vignes sur une superficie de 127 hectares. Spécialisé dans le vin rouge qu'il maîtrise fort bien, Douglas adore recevoir les visiteurs dans une atmosphère conviviale. « J'étais habitué à travailler seul et, aujourd'hui, j'aime le côté social que m'apporte mon vignoble et qui me fait rencontrer des gens de tous les horizons. » **Et pourquoi les Diurnes?** « C'est pour rappeler qu'ici, durant le jour, il y a toujours une petite brise. »

**VIGNOBLE
LES DIURNES**
205, montée Lebeau
Cowansville
Tél. : 450 263-1526

CÉPAGES CULTIVÉS

ROUGES
MARÉCHAL FOCH
SAINTE-CROIX
SABREVOIS
FRONTENAC

177

178

NOTES VITICOLES

Toutes les vignes cultivées au vignoble Les Diurnes sont des hybrides rustiques* originaires du Minnesota et ne nécessitent pas de buttage*. Malgré un sol graveleux et terreux, le drainage s'effectue adéquatement grâce à la prédominance de la butte. La présence d'une couche rocailleuse à trois pieds dans le sol oblige la vigne à aller chercher ses minéraux plus profondément. Les rangs de vignes sont enherbés afin de leur procurer une protection contre la pluie et éviter le rigolage. La conduite de la vigne est le guyot simple et la baguette* des raisins est plus élevée parce que les vendanges sont faites mécaniquement. Acquise dans la région du Niagara, l'énorme machine à vendanger, unique dans la région, réduit la période des vendanges à deux jours au lieu de trois semaines pour les vendanges manuelles. Quelques jours par année, l'œnologue David Cottineau, originaire de Lorraine, mais qui habite la région de Brome-Missisquoi, vient prodiguer quelques conseils à l'ingénieur Henderson qui œuvre honorablement bien, tant dans son vignoble que dans son chai.

CARNET DE VINIFICATION

Au vignoble Les Diurnes, on utilise une méthode de vinification traditionnelle selon des techniques bordelaises. Les vendanges mécaniques ont lieu généralement fin septembre. Les raisins cueillis passent dans le fouloir-égrappoir* et sont débarrassés de leurs rafles*. De là, ils seront transférés dans une cuve en inox pour subir une macération carbonique* pendant 7 à 10 jours. Ensuite, les raisins seront pressés et le vin de goutte* servira au vin d'assemblage, tandis que le vin de presse* sera destiné à produire les vins fortifiés. Pendant un mois, le vin subira une fermentation malolactique* avec des levures ajoutées. Ensuite, il sera transféré dans des cuves avec des copeaux de chêne où il vieillira pendant trois ans. C'est ainsi que, depuis 2004, Douglas Henderson laisse vieillir ses vins afin qu'ils se bonifient avant la mise en bouteilles.

Aussi, il expérimente la production d'une liqueur composée de prunes du vignoble macérées dans l'alcool et assemblées avec le vin Chinook qui vieillira en fûts de chêne français pendant presque deux ans. En attendant les résultats, prometteurs, Douglas ajoute : « Le vin, c'est un défi, mais aussi toute une expérience de production, surtout le vin rouge. »

Pourquoi les Diurnes?
« *C'est pour rappeler qu'ici, durant le jour, il y a toujours une petite brise.* »

Douglas Henderson

182

NOTES DE DÉGUSTATION

ALIZÉ

Élaboré avec du sainte-croix, ce rosé rose profond aux brillants reflets rubis est frais et franc, il possède des notes légèrement minérales et de pulpe de framboise. La bouche offre des saveurs de bonbon acidulé, de cerise rouge et de miel de violette. Équilibré, sur une bonne charpente, avec une légère astringence rafraîchissante et une finale longue. Servir comme apéritif avec amuse-gueule, charcuteries, fromages à pâte molle légèrement affinés, poissons en sauce ou grillés, grillades de viandes blanches, saucisses, tartes aux prunes, bleuets, rhubarbe, fraises.

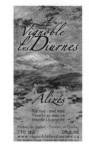

SIROCCO

Ce rouge produit avec du sainte-croix présente une robe grenat violacé foncé. Le nez est marqué par des fruits rouges, comme la griotte. Bel équilibre en bouche, léger et gouleyant, avec des saveurs de griotte, de fruits rouges, non tanniques. Moyennement long en bouche. À déguster avec des cochonnailles, des terrines, des charcuteries, des grillades de viandes blanches ou rouges, des saucisses, des pâtes avec sauce tomate et basilic, des fromages à pâte molle.

CHINOOK

Médaillé en 2009. Élaboré avec du sainte-croix et du sabrevois, ce rouge est de couleur de velours grenat foncé. Le nez présente des notes de terroir, de pruneaux confits, des arômes fumés, légèrement boisés et de torréfaction. La bouche offre un bel équilibre de fruits noirs, légères notes de boisé en second plan, vanillées et fumées. Long en bouche et finale agréable. À déguster avec un rôti de bœuf, des viandes rouges en sauce, des pâtes gratinées avec sauce tomate relevée, épicée et des fromages de caractère.

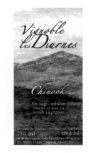

LA NIÑA

Mistelle blanche produite avec du seyval. La robe est paille ambrée. Arômes de miel, de raisin sec et de pêche blanche. Bouche légère et fraîche avec des notes de compote de pommes et de poire, de raisin de Corinthe, de noisette beurrée. Longue finale de pêche blanche. Servir comme apéritif ou au dessert, aussi avec foie gras poêlé ou mi-cuit, boudin blanc truffé, magret de canard et compote de fruits, tarte Tatin aux pommes, poires, pêches, cheddar vieilli, morbier, tomme.

EL NIÑO 🍷

Mistelle rouge produite avec du sainte-croix. Robe de velours grenat. Nez de crème de bleuets, de mûres et de noix du Brésil. Bouche de noyaux de cerise, de mûres, de prunes confites, de framboises. Rappelle les portos de type tawny. À servir comme apéritif ou digestif, ou avec un vieux cheddar, un fromage bleu, du chocolat noir, un dessert au chocolat, une tarte aux prunes.

MÉMO • LES DIURNES

Vignoble avec beaucoup de cachet situé à proximité du centre-ville de Cowansville.

Généralement, les vendanges sont manuelles dans les vignobles québécois. L'impressionnante machine à vendanger de ce vignoble est une première dans la région.

Les étiquettes sont l'œuvre de Stéphane Lemardelé.

Accueil chaleureux et familial à la boutique de dégustation où l'on peut apercevoir le cellier.

Visite guidée • Aire de pique-nique
Mai à octobre : tous les jours, de 10 h à 18 h
Novembre à avril : sur réservation

183

Cowansville, 1915.

28) COWANSVILLE
(12 400 HABITANTS)

Débarqué en 1798, Jacob Ruiter, premier colon loyaliste, mit sur pied le premier moulin à farine et la scierie dans ce village qui s'appelait Nelsonville. Dès l'installation en 1836 du Montréalais Peter Cowan, propriétaire du magasin général, Cowansville en deviendra le nom officiel. À partir de 1870, les années sont fastes avec la naissance du journal *The Cowansville*, la première succursale bancaire et la construction de la voie ferrée. www.cowansville.org

MURALE HISTORIQUE

Située à l'angle des rues Sud et Principale, cette fresque réalisée en 2008 illustre un épisode historique dont les bâtiments ont tous été détruits dans le grand incendie de 1944.

MUSÉE BRUCK

Sur le chemin des Cantons, cette demeure construite en 1874 fut tour

à tour une banque, une habitation résidentielle, une manufacture de textile, un centre d'art, pour finalement se vouer à la conservation d'œuvres d'art.

Ouvert tous les jours du 24 juin jusqu'au 1er septembre.

• Service de la culture, tourisme et patrimoine, 225, rue Principale
Tél. : 450 263-6101
www.societehistoirecowansville.com

MAISON NESBITT

Construite vers 1881 dans le style Second Empire, la maison Nesbitt abrite aujourd'hui, une clinique médicale. • 215, rue du Sud.

PONT COUVERT
DE FREEPORT

Construit en 1870, le pont couvert de Freeport surplombe la rivière Yamaska. Répertorié parmi les 88 derniers ponts couverts au Québec. Rue Bell.

CURIOSITÉS *du coin*

PLAGE PUBLIQUE DU LAC DAVIGNON
Au cœur de Cowansville, autour de ce lac artificiel qui abrite une plage de sable, plusieurs activités nautiques et sportives sont proposées. www.cowansville.org

189

VIVE LE LOCAL !
Le Marché de solidarité régionale de Cowansville réunit plus de 24 producteurs de la région offrant une gamme d'environ 517 produits bio. Inscription sur le site.
www.marchecowansville.org

BOULANGERIE LA MIE BRETONNE
Excellente boulangerie artisanale utilisant de la farine bio.
• 511, rue du Sud, Tél. : 450 955-1500
www.lamiebretonne.com

RESTAURANT BON
Cuisine de Patrick Roy spécialisée dans le gibier, style kangourou, autruche et cerf. Bar à eaux, avec formule « apportez votre vin »
• 232, rue Principale,
Tél. : 450 263-9266
www.restaurantbon.ca

LE MCHAFFY
Un des meilleurs restaurants de la région. Cuisine fraîcheur et raffinée.
• 351, rue Principale
Tél. : 450 266-7700

GÎTES ÉTOILÉS

Le Clos Dauphinais
www.closdauphinais.com

Domaine sur la colline
www.surlacolline.qc.ca

Passe-Partout
www.passepartout.ca

CONFISERIE HANSEL ET GRETEL
Pour les becs sucrés, Karine fait dans la chocolaterie, mais aussi dans la pâtisserie, qu'elle confectionne avec des ingrédients de chez nous.
• 518, rue du Sud
Tél. : 450 263-3601

190

Gâteau « Le P'tit Pinacle », mousse au fromage, framboises fraîches entières et génoise au chocolat.

BRÛLERIE LA DÉPENDANCE

En plus de torréfier son café, Sylvie Giguère ravive nos sens avec une gamme de thés et de tisanes exceptionnelle et aussi des paniers-cadeaux. • 215, rue Principale
Tél. : 450 955-1818

VIGNOBLE DE LA BAUGE
www.labauge.com

Son nom signifiant « le nid du sanglier », la Bauge fut jadis une ferme laitière et la première au Québec à élever des sangliers. Mais il y a plus de 23 ans, la Bauge s'est métamorphosée en un champ de vignes, mais aussi en un domaine où vivent en symbiose des animaux exotiques. Deux vignobles totalisant six hectares ont été créés pour offrir aujourd'hui une production de plus de 30 000 bouteilles. Le propriétaire, Simon Naud, dirige d'une main de maître ce vignoble familial. Toujours à l'affût de nouvelles techniques pour améliorer sa production, ce jeune vigneron aime expérimenter, tant dans la vigne que dans le chai. D'un enthousiasme débordant, il organise des journées de vendanges ouvertes au public, invité à suivre les différentes étapes de vinification et même à élaborer son propre vin. Une façon créative de démocratiser le divin nectar !

SIMON NAUD
Vigneron

Passionné de viticulture, Simon Naud peut se targuer d'être un des seuls à représenter la deuxième génération de vignerons au Québec. Même si son père Alcide a planté ses premières vignes en 1987 et que Simon en a pris le relais, il sait qu'on ne s'improvise pas vigneron du jour au lendemain.

Pour lui, « la viticulture demeure encore un mythe au Québec, car les gens rêvent de faire les vendanges. Être vigneron, c'est tellement plus que de récolter des raisins. C'est aussi la vinification, l'embouteillage, la mise en marché, etc. » Conscient de la réalité vinicole, il aime aussi discourir sur l'histoire de la vigne depuis les débuts de la colonie. Posez-lui des questions. Les réponses seront fascinantes.

VIGNOBLE DE LA BAUGE
155, avenue des Érables, Brigham
Tél. : 450 266-2149

CÉPAGES CULTIVÉS

BLANCS
SEYVAL
VIDAL
GEISENHEIM

194

ROUGES
FRONTENAC
SAINTE-CROIX
SABREVOIS

195

NOTES VITICOLES

La Bauge est l'un des vignobles précurseurs de la culture du cépage frontenac, qui a été planté au début des années 2000.

Cultivées sur un terrain légèrement pentu, les vignes sont partagées pour les deux tiers en rustiques* et l'autre tiers en hybrides*. Depuis plusieurs années, Simon Naud ne pratique plus la technique du buttage*, mais recouvre ses plants d'une toile géotextile pour les protéger du gel. Il obtient de meilleurs résultats puisque les bourgeons entoilés sont ventilés et survivent mieux au froid hivernal, ce qui permet à la vigne d'avoir un meilleur rendement.

Le mode de culture n'est ni conventionnel, ni biologique, mais plutôt sur le modèle d'une agriculture naturelle sans certification. Très conscientisé par l'écologie, notre jeune vigneron cherche avant tout à minimiser son bilan carbone* en utilisant le moins possible les méthodes qui produisent des émissions de gaz à effet de serre.

Lors de notre passage en octobre 2009, il s'adonnait à l'essai des cépages frontenac blanc, marquette et la crescent. Il expérimentait aussi dans le chai plus de 18 microvinifications*.

196

CARNET DE VINIFICATION

Quand on demande à Simon Naud de nous présenter ses vins phares, il nomme sans hésitation Novembre, un vin doux de vendange tardive qui portait de 1993 à 2006 le nom de Sélection Camille. Assemblé avec du seyval, du vidal, du geisenheim et du frontenac gris, ce vin est vendangé quand les raisins ont perdu plus de 30 % de leur eau. Vinifiés séparément, les raisins dégelés sont pressés et levurés. Dans des cuves en inox suit une fermentation qui s'arrête à 9 degrés d'alcool, mesurés à l'échelle de la densité du moût. La mise en bouteilles se fait neuf mois plus tard. Et depuis 2009, une capsule à vis* coiffe la dive bouteille.

Son autre coup de cœur est le rosé Brise, élaboré avec du frontenac bleu et gris. Ce rosé de presse subit une fermentation en cuves avec l'ajout de levures provençales aussi désacidifiantes qui se poursuit par une fermentation malolactique* et une mise en bouteilles neuf mois plus tard.

Dans un autre ordre d'idées, la vinification n'a pas de secret pour Simon. En février et en mars, il ouvre les portes de son chai et invite les amateurs de vin à élaborer leur propre cuvée. Après une dégustation de trois blancs, trois rouges et trois rosés, les « œnologues d'un jour » créent leur propre assemblage.

> « *La viticulture demeure encore un mythe au Québec, car les gens rêvent de faire les vendanges. Être vigneron, c'est tellement plus que de récolter des raisins. C'est aussi la vinification, l'embouteillage, la mise en marché, etc.* »

Simon Naud

NOTES DE DÉGUSTATION

BAUGE CLASSIQUE

Blanc sec, élaboré avec du seyval blanc, aux effluves de pomme, de lilas, de citron, de miel. L'attaque est fraîche, fruitée et souple, les saveurs, subtiles et légèrement minérales. Accord avec des plats à base de poisson, du porc, des fruits de mer, des sushis et des fromages.

SOLITAIRE

Blanc sec produit avec du seyval blanc, vieilli en fûts de chêne et offrant des notes de vanille, de beurre, de noisette, de pain, d'ananas et de chêne. Belle acidité avec une légère impression de gras, belles complexité et longueur. Accord avec rôtis de porc, terrines, volailles et fromages.

LES PATRIARCHES

Rouge sec élaboré avec du chancellor, du frontenac, du sainte-croix, du sabrevois et vieilli en fûts de chêne. Arômes complexes de cerise noire, de mûre, de cuir et de chêne. Saveurs fruitées, avec une jolie rondeur et des tanins subtils, mais présents. Délicieux avec rôtis de bœuf, steaks, terrines, viandes sauvages.

BRISE

Rosé demi-sec, élaboré avec du frontenac. Arômes complexes de cerises mûres, de fraises, de framboises et de cannelle. Bouche fraîche et fruitée. Équilibré, savoureux et d'une belle longueur. À déguster avec des fruits de mer, des sushis, des fromages, une salade, des pâtes.

NOVEMBRE

Vin de vendanges tardives* produit avec les cépages seyval blanc, geisenheim, vidal et frontenac gris. Parfums doux et légers de fleurs sauvages, de pêche, de pomme, de poire et de litchi. Frais, fruité, doux et savoureux. Excellent vin de dessert ou d'accompagnement avec les fromages. (Code SAQ : 10853189)

LES FOLIES DU VIGNERON

Produit avec le seyval blanc. Style vermouth avec ses rafraîchissants arômes de citron et d'orange. Saveurs de citron et d'orange, sucré, alcool bien fondu, et présentant une légère amertume. Un apéritif à servir sur glace avec un zeste de citron ou de lime.

L'AUBE

Mistelle* de seyval blanc et de chancellor aux arômes complexes de fruits confits et de chêne. Vin apéritif moelleux avec un goût savoureux de fruits mûrs, de pruneau et de chêne. Servir froid ou sur glace. En accord avec du chocolat noir, des noix, des fromages corsés.

LA FLAMBÉE

Frontenac rouge fortifié, aux parfums de fruits confits, de cerise noire, de noix et de chêne. Belle rondeur, bonne acidité, chaud et long en bouche. À déguster avec du chocolat noir, des noix, des fromages corsés.

MÉMO •
VIGNOBLE DE LA BAUGE

Le vignoble a été lauréat de médailles d'or pour cinq produits lors du concours Les grands vins du Québec 2009.

Vignoble sympathique et dynamique. Entre les vignobles et le sentier d'animaux exotiques, on peut s'ouvrir sur le monde de la viticulture et celui de la faune.

La boutique offre de délicieux produits du terroir : pâtés, terrines, saucisse, etc., à déguster sur place ou à emporter.

Visite libre et guidée • Activités vitivinicoles • Produits du terroir
Mai à juin : tous les jours, de 10 h à 17 h
Juillet à octobre : tous les jours, de 10 h à 18 h
Novembre et décembre : samedi et dimanche, de 10 h à 16 h

201

202

POUR LES VIGNERONS AMATEURS

Depuis plus de 20 ans, la Bauge offre des visites guidées. Mais plus excitantes sont les journées de vendange (mi-septembre à mi-octobre) invitant les participants à devenir vignerons d'un jour. Au programme : récolte des raisins, repas du midi, foulage, pressurage, analyse du moût et vinification. Et un an plus tard, on revient chercher sa cuvée personnelle embouteillée.

Pour les viticulteurs en herbe, on offre des cours en mai et en juin sur le thème « Comment planter des vignes chez soi ». En plus, un guide et un CD sur le sujet ainsi que des plants de vigne sont remis aux participants.

Le tour de carriole dans le parc animalier attenant au vignoble fascine autant les adultes que les enfants. Dans ce sentier exotique, on peut observer sangliers, cerfs rouges, daims, émeus, sikas, lamas, moutons Barbados et Jacob, etc.

• Pour ces visites guidées et commentées, il est préférable de réserver au 450 266-2149.

203

204

29) BRIGHAM (2488 HABITANTS)

Créée le 1ᵉʳ juillet 1855, la municipalité de Brigham doit son nom à Eratus Oakley Brigham, natif de Bakersfield au Vermont, mais de descendance irlandaise.

Voilà un bel exemple d'un Loyaliste réfugié au Canada et qui est devenu conseiller municipal en 1862 et fondateur de la tannerie Brigham près de la rivière Yamaska. Encore aujourd'hui, on trouve des descendants des Brigham au Vermont.

Dans un charmant décor champêtre, découvrez des exemples de l'architecture du 19ᵉ siècle, telle la fameuse Brigham United Church, datant de1882 et convertie aujourd'hui en maison privée, et le manoir Brigham, construit en 1865. www.brigham.ca

CURIOSITÉS *du coin*

205

STUDIO SURETTE
Originaires de l'Ontario, Richard et Susan sont installés depuis 1975 dans les Cantons-de-l'Est et ont fondé leur studio d'artistes, devenu une affaire de famille. Avec leur fille Achyka et leur fils Amun, ils travaillent différents matériaux, comme le bois, la pierre, le tissu, la céramique, etc. Leurs pièces à la fois artistiques et pratiques sont grandement influencées par l'esthétisme oriental.
• 279, avenue des Érables, Brigham
Tél. : 450 263-5696
www.studiosurette.com

Une longue rivière tranquille
Au cours de son parcours de 160 km2, la rivière Yamaska s'écoule au milieu du centre-ville de Brigham. Son nom signifie « étendue de jonc » en Abénaquis. La rivière Yamaska prend sa source dans les Appalaches et termine sa trajectoire dans le fleuve Saint-Laurent à la hauteur de Sorel-Tracy.

30) BLEUETIÈRE D'AMOUR

208

Depuis 25 ans, André d'Amour cultive plus de 2000 plants de bleuets avec service d'autocueillette. Pour s'y rendre en saison, empruntez le chemin Hallé Ouest à partir de Brigham et tournez sur la rue Principale. Environ six kilomètres depuis Brigham.
• 108, rue Principale, East Farnham
Tél. : 450 263-3179

207

208

31) DUO DE PONTS COUVERTS
Construit en 1932, le pont Balthazar traverse la Yamaska au niveau du chemin Léger. Quant au pont Decelles, avec ses 32,13 mètres de long, il est situé sur le chemin Fortin (32).

DOMAINE VITIS
www.domainevitis.com

Voici le dernier-né des vignobles québécois, fier d'être le 98ᵉ au Québec et le 17ᵉ dans Brome-Missisquoi. La route qui mène au chemin Nord et jusqu'à son entrée au Domaine Vitis se révèle intime et paisible. À proximité, les montagnes de Bromont génèrent un microclimat et offrent aussi un des plus beaux cachets de cette municipalité qui fait désormais partie de la région de Brome-Missisquoi. En reprenant la ferme de la famille de Marie-Claude et par extension celle de Pierre, ces deux universitaires se sont lancés dans une autre grande aventure : « Nous avons la passion du vin, mais nous avons aussi une mission à saveur locale, celle de cultiver la vigne dans la plus grande simplicité. Avant tout, nous recherchons l'authenticité dans notre vignoble », confie Pierre.

MARIE-CLAUDE LIZOTTE ET PIERRE GENESSE
Vignerons

Jeunes, dynamiques et modernes, Marie-Claude et Pierre viennent de donner naissance à leur deuxième vignoble. Ex-propriétaires et fondateurs des Blancs Coteaux à Dunham, ils se sont recyclés dans une boutique pour fins gourmets à Bromont avant de se relancer dans la viticulture en 2007. Téméraire avant tout, ce couple a réinvesti dans la vitiviniculture* et considère ce nouveau défi comme plus qu'extraordinaire. « On revient sur le sentier de la vigne et on espère retrouver le monde qu'on a connu dans notre premier vignoble. » S'il est peu fréquent au Québec d'avoir été propriétaires de deux vignobles, on peut tout de même en conclure que notre viticulture a pris de l'âge et a aussi gagné une certaine expérience générée par nos vignerons.

DOMAINE VITIS
10965, chemin Nord
Brigham
Tél. : 450 263-4988

CÉPAGE CULTIVÉ

ROUGE
FRONTENAC NOIR

212

NOTES VITICOLES

À mi-chemin entre Bromont et Cowansville, sur la terre familiale, ces heureux vignerons ont retrouvé un type de sol graveleux, identique à celui du vignoble de Dunham dont ils furent propriétaires jusqu'en 2001. Redevenir vignerons dans la quarantaine, en 2007, fut une décision réfléchie. Ainsi ont-ils choisi de planter 11 000 ceps de vigne sur trois hectares avec leur cépage fétiche qu'est le frontenac noir et qui sert à produire leurs trois vins. À l'instar d'autres vignerons de la région, ils font partie du Dura-Club*, un organisme qui offre des conseils agroenvironnementaux sur le développement durable. « Mais éventuellement, on vise la biodynamie*, qu'on étudie comme concept et qu'on pratique dans notre potager, ajoute Marie-Claude. On vise à faire quelque chose de bien, pas nécessairement de l'argent. Mais ce n'est pas toujours évident. »

En cherchant la simplicité, leur sélection de vigne s'est arrêtée sur le frontenac qui demande moins d'énergie et n'exige pas beaucoup de soin. Ce cépage, qu'il soit de type gris, noir ou blanc, ne nécessite pas de buttage* et est résistant aux maladies et au froid. Grâce à ce choix bien précis, nos deux vignerons ressentent cette synergie émergente entre l'être et la plante, eux qui ont toujours été plus portés vers le végétal que vers l'animal.

« Marie-Claude et moi avons la passion du vin, mais nous avons aussi une mission à saveur locale, celle de cultiver la vigne avec simplicité. Avant tout, nous recherchons l'authenticité dans notre vignoble »,

Pierre Genesse

CARNET DE VINIFICATION

Diplômé en œnologie de l'Université de Californie et de l'Université du vin de Suze-la-Rousse (Rhône-Alpes) et de plus professeur de viticulture en 1994 à Cowansville, Pierre Genesse a formé la première génération d'ouvriers viticoles, dont la première femme québécoise aujourd'hui chef d'un chai. Animé par un esprit avant-gardiste dans son métier, il ne mise que sur la production de trois vins avec le frontenac noir, dont il dira qu'il est aussi performant que le cabernet franc*. Tout en pratiquant un élevage classique avec des levures cultivées et de courts séjours en fûts neufs, il procède aussi à une fermentation malolactique* qui apporte plus de corps au vin et tend à diminuer son acidité. Pour produire le rosé, les raisins issus du frontenac noir sont macérés quelques heures puis pressés directement. Quant au mode d'élaboration du vin de glace, les raisins enveloppés dans un filet sur la vigne sont recueillis après qu'ils eurent subi une température oscillant entre -8 °et -10 °C. Par ailleurs, cette technique d'emmaillotement des raisins dans un filet sur la vigne est une création purement québécoise dont le principe empêche les grappes de toucher le sol ou les raisins d'être dévorés par les animaux.

Leur prochain défi est la production d'un blanc de noir avec du frontenac pressé délicatement et du vin rouge avec le cépage marquette dont les caractéristiques se rapprochent du pinot noir.

« Il existe beaucoup d'étapes pour amener le raisin à maturité. Mais par la suite, il faut créer la magie du raisin et conquérir les papilles du dégustateur », conclut Pierre, chef des opérations du chai.

Diplômé en œnologie,
Pierre Genesse a formé la
première génération d'ouvriers
viticoles québécois.
À l'œuvre dans son chai,
il soutire du frontenac noir
à partir d'une cuve en inox.

213

NOTES DE DÉGUSTATION

ROSÉ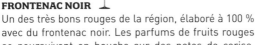

Élaboré à 100 % avec du frontenac noir, qui lui confère des arômes de fraise et des saveurs richement fruitées. Plutôt de style provençal, ce rosé sec offre une finale persistante et ronde sur des notes jeunes et fraîches de petites baies sauvages. À déguster comme apéritif, avec des antipasti ou des tapas, également avec un saumon grillé ou un tartare de thon.

FRONTENAC NOIR

Un des très bons rouges de la région, élaboré à 100 % avec du frontenac noir. Les parfums de fruits rouges se poursuivent en bouche sur des notes de cerise, mais aussi chocolatées, avec une finale fraîche, peu tannique et légèrement ronde. Délicieux avec des grillades de toutes sortes.

GLACE NOIRE

Produire un vin de glace noir avec du frontenac est une première dans la viniculture québécoise. Riche et généreux avec ses notes de prune et de cerise, il charme avec sa finale veloutée et persistante. C'est un dessert en soi, mais on peut aussi le servir froid avec un dessert au chocolat ou les fromages italiens torta mascarpone ou gorgonzola.

MÉMO • DOMAINE VITIS

La visite de ce domaine est un must pour les saveurs originales des vins et la gentillesse de ses hôtes.

On peut observer le travail qui se déroule dans le chai à partir de la boutique, qui offre expériences gustatives et produits du terroir.

La beauté de ces lieux bucoliques est invitante, et une aire de pique-nique permet d'en profiter. En face du Domaine Vitis se trouve la Bleuetière Les Delisle qui propose l'autocueillette des bleuets.

À surveiller : la production éventuelle d'un mousseux.

Visite guidée sur réservation • Aire de pique-nique • Paniers gourmands
Mai à décembre : tous les jours
Janvier à avril : samedi et dimanche, 10 h à 18 h

Pierre Genesse et sa fille Marie-Emmanuelle attachent sur le fil de fer le filet contenant les raisins du frontenac noir qui serviront à produire le vin de glace noire. Créée au Québec, cette méthode a pour but de permettre aux raisins de geler en toute quiétude, à l'abri des prédateurs.

La Mission

VIGNOBLE LA MISSION
www.vignoble-lamission.com **14**

Sise sur une colline avec une vue panoramique époustouflante, cette ancienne érablière métamorphosée en vignoble en 1998 fut jadis la propriété d'un couple franco-mexicain. Étalé sur six hectares et comptant 18 000 plants, le domaine produit annuellement plus de 20 000 bouteilles. Les nouveaux propriétaires, Jean-Christophe Hirsch et Myriam Goldstein, ont participé à l'agrandissement et à l'évolution de ce vignoble. Secondés par David Cottineau, œnologue originaire de Nantes, ils forment ensemble une équipe dynamique qui cherche toujours à relever des défis. Le prochain serait de trouver le bon cépage pour le vin rouge. Ils prévoient la culture du cépage rustique marquette, toujours en expérimentation dans un vignoble voisin, qui supporte apparemment les caprices de notre climat. À suivre dans quelques années !

JEAN-CHRISTOPHE HIRSCH ET MYRIAM GOLDSTEIN
Vignerons

Un véritable coup de cœur s'est produit lorsque Jean-Christophe Hirsch, d'origine lyonnaise, et sa conjointe Myriam Goldstein, d'origine suisse, firent l'acquisition de ce vignoble en 2004. « En plus de réaliser notre rêve, nous avons acheté pendant une bonne période, nous pouvions profiter de l'expérience des vignobles comme L'Orpailleur et les Côtes d'Ardoise qui avaient déjà tracé la voie », ajoute Jean-Christophe, vigneron autodidacte qui a déjà œuvré dans le Beaujolais. Immigré au Québec en 2001, ce couple aime passionnément son métier et croit profondément à la viticulture québécoise. Ils se sont donné comme « mission » de faire découvrir des vins typiquement de chez nous d'abord aux Québécois, ensuite aux Canadiens et finalement dans le monde. Ces ambassadeurs vinicoles se disent heureux d'avoir la chance de produire sans contrainte et en toute liberté.

VIGNOBLE LA MISSION
1044, boulevard Pierre-Laporte (route 241), Brigham
Tél. : 450 263-1524

CÉPAGES CULTIVÉS

BLANCS
VIDAL
SEYVAL BLANC
MUSCAT

220

ROUGES
MARÉCHAL FOCH
LUCY KUHLMANN
SEYVAL NOIR
SABREVOIS
SAINTE-CROIX

221

LA ROUTE DES VINS • 120

NOTES VITICOLES

222

Sur un sol d'une part caractérisé par la présence d'ardoise et d'autre part de type plutôt graveleux, 90 % des cépages cultivés au Domaine La Mission appartiennent à la catégorie des semi-rustiques et nécessitent le buttage. Cette opération, qui consiste à recouvrir la vigne avec de la terre pour la protéger du froid hivernal, se fait à l'aide d'une machine ou alors manuellement à certains endroits.

Contrairement à l'Europe et en raison d'une saison courte, ici, il y a moins de maladies de la vigne. On pratique donc la lutte raisonnée, les produits d'arrosage sont plus préventifs que curatifs.

L'originalité de ce vignoble situé sur une petite montagne réside dans l'installation de drains que Jean-Christophe a mis en place pour éviter l'érosion. Lors de fortes pluies, l'eau se ramasse dans les tuyaux et s'écoule tout droit vers la plaine. Le fait aussi que le terrain soit en coteaux fait fuir le gel du côté de la plaine.

CARNET DE VINIFICATION

Même s'il est d'origine française, Jean-Christophe n'a jamais voulu produire du vin avec un goût français. Bien au contraire, il essaie d'extraire au maximum les caractéristiques du terroir québécois.

En ce qui a trait à la vinification à La Mission, les vins blancs sont élaborés avec un seul cépage, tandis que les rouges sont produits avec plusieurs cépages. En général, la vinification suit les différentes étapes classiques.

La caractéristique de ce vignoble est d'être l'un des seuls à élaborer du vin blanc sec avec du vidal. À la suite de la vendange, les raisins suivent les processus de foulage*, d'égrappage*, de pressurage*, de débourbage*, de fermentation alcoolique* et d'élevage*. Le vin n'effectue aucun séjour dans le bois, mais repose dans des cuves en inox pendant sept mois environ avant la mise en bouteilles.

Plusieurs fois médaillé, le vin de glace est également produit avec le cépage vidal. Les grappes cueillies entre -10 °C et -12 °C subissent le processus de passerillage*, sont refroidies à froid et déposées dans des plateaux qu'on entrepose dans une grange. Les raisins sèchent donc à froid, à l'abri des intempéries, ce qui a pour effet de donner une matière plus saine et noble, et en définitive moins académique. Ensuite, généralement en février, les raisins sont pressés et le jus, à une température de 2 °C, s'écoule lentement. Les fermentations démarrent à 10 °C presque trois semaines plus tard à cause de la densité du sucre. Ensuite, le vin suit le processus classique : débourbage*, soutirage*, séjour dans des cuves en inox et mise en bouteilles en juin ou juillet.

223

« En plus de réaliser notre rêve, nous avons acheté pendant une bonne période, nous pouvions profiter de l'expérience des vignobles comme L'Orpailleur et les Côtes d'Ardoise qui avaient déjà tracé la voie. »

Jean-Christophe Hirsch

NOTES DE DÉGUSTATION

VIN BLANC

Sec et fruité, élaboré à partir de raisins du cépage vidal. Couleur dorée et limpide, arômes de fleurs printanières et de fruits verts et saveurs d'une agréable fraîcheur. Accord avec le poisson, les fruits de mer, les terrines, les volailles ainsi qu'avec certains fromages. (Code SAQ : 10220390)

VIN ROSÉ

Issu de seyval noir, de chancellor et de sainte-croix, ce rosé présente une robe délicatement colorée, avec des arômes intenses de pêche et de fruits rouges, tout en laissant au palais une fraîcheur parfumée. Agréable avec les salades, les charcuteries, les grillades, le saumon ou tout simplement comme apéritif.

VIN ROUGE FORTIFIÉ

De style porto avec ses arômes de caramel, de vanille, de cassis et de fruits confits, aux saveurs exquises. Servir frais comme apéritif ou digestif. Est en parfait accord avec le foie gras, le fromage et le chocolat. (Code SAQ : 10661435)

VIN ROUGE

Sélection soignée de maréchal foch, chancellor et lucy kuhlmann. D'un rubis profond, avec des arômes de fruits rouges, de cerise noire, de prune, avec une touche de vanille. Tanins souples avec une belle rondeur en bouche. En harmonie avec les grillades, l'agneau, le rôti de porc et les fromages. (Code SAQ : 10661401)

VIN BLANC FORTIFIÉ

Nez floral délicat avec ses arômes de figue, de noix, de vanille, de pruneau, de miel et d'amande qui charment le palais d'une saveur exquise. Servir bien frais comme apéritif ou avec le foie gras et le chocolat. (Code SAQ : 10684995)

Boutique du Vignoble La Mission.

VIN DE GLACE

Élaboré avec du vidal et plusieurs fois médaillé. Les arômes de miel, d'abricot, de mangue et de fruits exotiques enivreront votre palais avec volupté. Ce nectar des dieux s'harmonise avec le foie gras, le fromage bleu et les desserts, comme apéritif ou digestif. (Code SAQ : 10319040)

VIN DE VENDANGES TARDIVES

Élaboré avec du vidal et vendangé au premier frimas de l'hiver. Jolie robe dorée avec des arômes de fruits et de miel. Le servir bien frais. Il s'harmonise avec du foie gras, du saumon fumé, des sushis, du chocolat. (Code SAQ : 10676910)

226

MÉMO • LA MISSION

Le nom « La Mission », donné au vignoble par les anciens propriétaires d'origine franco-mexicaine, a plu à ses nouveaux acquéreurs puisque l'appellation est équivalente en français, en anglais et en espagnol.

La beauté du lieu est remarquable et le vignoble est très accessible, étant situé à proximité de l'autoroute 10.

De gigantesques érables offrent un accueil chaleureux. À signaler : des présentations thématiques d'accords entre mets du terroir et vins du domaine durant quelques fins de semaine.

Les étiquettes sont l'œuvre de Liana Berger, une Brésilienne qui a un pied-à-terre au Québec.

Visite guidée • Aire de pique-nique • Salle de réception

1er mai au 15 octobre : tous les jours, de 10 h à 17 h
16 octobre au 14 novembre : du lundi au vendredi, de 10 h à 17 h
15 novembre au 14 janvier : samedi et dimanche, de 10 h à 17 h
15 janvier à avril : sur rendez-vous

227

33) PUREMENT BLEUET !

Dans un décor champêtre victorien, Ghislaine et Normand vous invitent entre la mi-juillet et la fin août à cueillir les fruits de leur immense bleuetière, cultivés sans pesticides. Vue exceptionnelle, aire de pique-nique et produits dérivés. En face du Domaine Vitis (numéro 13, page 112 du Guide).

• **Bleuetière Les Delisle,** 1110, chemin Nord, Brigham
Tél. : 450 263-4556, www.bleuetierelesdelisle.ca

34) BROMONT
(6049 HABITANTS)

Même si les Loyalistes suivis par les francophones et les Irlandais y ont vécu à partir du 18e siècle, Bromont a été fondée en 1964 par la famille Désourdy. Depuis 2010, cette municipalité fait partie de la région Brome-Missisquoi. Réputée pour être une station de plein

228

air aux multiples activités, elle jouit aussi d'un centre-ville qui ne cesse de se développer. Un circuit patrimonial comprenant 20 panneaux et trois murales vous plongera au cœur de la vie de ses pionniers.

229

• Pour information et carte :
Bureau touristique de Bromont,
15, boulevard de Bromont
Tél. : 450 534-2006
www.tourismebromont.ca

MONT BROMONT
Été comme hiver, cette montagne et ses 565 m d'élévation font le bonheur de ceux qui ont le pied sportif. Durant la belle saison, la montagne dispose de plus de 100 km de sentiers pédestres qu'on peut atteindre par télésiège, 24 pistes de descente, un parc de vélo et un parc aquatique.
Durant l'hiver, elle offre aux mordus de ski et de planche à neige plus de 135 pistes répertoriées sur sept versants.
• Tél. : 450 534-2200
www.skibromont.com

230

Balade à bicyclette sur la rue Shefford au centre du Vieux-Bromont

CURIOSITÉS *du coin*

www.museeduchocolatdebromont.ca

BON EN CHOCOLAT !

Petits et grands s'amusent à parcourir ce petit musée qui raconte l'histoire mondiale du chocolat, de sa composition et de sa transformation. En passant, saviez-vous que le mot chocolat viendrait de *kawawa*, d'origine nahuatl, langue indigène parlée au Mexique? Après la visite, la boutique est un vrai régal pour les sens avec ses étalages de chocolats trop gourmands.

• Musée du chocolat et de la confiserie de Bromont
679, rue Shefford
Tél. : 450 534-3893

OÙ MANGER ET DORMIR À BROMONT ?

Le centre-ville de Bromont, de la rue Shefford au boulevard de Bromont, regorge d'une gamme très variée de restaurants et de boutiques.

Comptant plus de quatre centres de spas, Bromont en est devenue la spécialiste avec également des adresses d'auberges et de gîtes chaleureux et confortables. En consultant les sites www.tourisme bromont.com et www.bromont.com, vous trouverez de nombreuses références.

DÉTENTE MULTIFORME

Vivez une expérience inédite de spa dans un cadre naturel. Saunas et terrasses avec vue imprenable sur les Appalaches, soins inspirés des quatre coins du monde, yoga, session sportive sur 22 km de sentiers et club de plage avec bains en cèdre. Forfaits combinant spa et visite en vignobles disponibles. Pour une expérience immersive hors du commun.

• Balnéa Spa, 319, chemin Lac Gale Bromont-sur-le-Lac, Tél. : 450 434-0604 www.balnea.ca

Deux coups de cœur

Pour sa cuisine préparée avec les produits du terroir et son service raffiné, le restaurant **La Pérouse** saura réjouir vos papilles. • 671, rue Shefford Tél. : 450 534-5557, www.laperouse.ca

Boulangerie pâtisserie Canael

Bravo au chef d'origine lorraine, Michaël Roger, pour la saveur de ses pains, de ses gâteaux, de ses quiches et la convivialité de son espace de restauration. • 1389, rue Shefford, Tél. : 450 534-0244

CHAPELLE Ste AGNÈS

CHAPELLE STE-AGNÈS
www.vindeglace.com

Au cœur de la vallée Missisquoi, à proximité de la frontière Québec-Vermont, cet impressionnant vignoble en terrasses a été érigé en 1997 à partir d'une forêt vierge. Un travail colossal de défrichage et une témérité sans bornes ont permis la culture de deux hectares de vignes échelonnés sur 18 terrasses le long de ce magnifique coteau qui fait partie des monts Sutton. Aujourd'hui, la famille Antony, d'origine tchèque, est fière de ses vins de glace, mais aussi de son vin blanc sec qui est magnifiquement élaboré. Pourvu de 7000 plants, le domaine possède une petite surface vinicole dont le charme est tout à fait exquis. D'inspiration européenne, la propriété abrite l'un des plus spectaculaires celliers du Québec et un magnifique étang qui accueille joliment les derniers rangs de vignes en terrasses.

HENRIETTA, JOHN ET KARENA ANTONY
Vignerons

Henrietta Antony, antiquaire à Montréal, est à l'origine de cette propriété dont le panorama offre une atmosphère digne d'un film fantastique. Avec son fils John et sa belle-fille Karena ainsi que l'indispensable collaboration du vigneron Christian Barthomeuf, aujourd'hui propriétaire du Clos Saragnat, madame Antony a réussi à mettre sur pied un des vignobles les plus originaux au Québec. Grâce à l'élévation de cette chapelle qui rend hommage à Agnès, sainte femme du 13e siècle en Bohême, au pavillon de réception et aux vignes qui se déclinent en terrasses, la propriété est aussi réputée pour les célébrations de mariages. De plus, la présence d'un immense dolmen vient ajouter mystère et beauté à cet endroit exceptionnel.

CHAPELLE STE-AGNÈS
2565, chemin Scenic
Sutton
Tél. : 450 538-0303

CÉPAGES CULTIVÉS

BLANCS
VIDAL
GEISENHEIM
RIESLING

237

« Chaque plant est traité manuellement.
Ils sont heureux, et je constate
qu'ils sont plus énergiques lorsqu'ils
sont cultivés biologiquement. »
John Anthony

238

NOTES VITICOLES

À cause du terrain pentu, la culture en terrasses de ce vignoble a toutes ses raisons d'être, car elle permet d'atténuer les problèmes d'érosion lors de violents orages. À la Chapelle Ste-Agnès, la viticulture est entièrement basée sur des méthodes traditionnelles. Sans être certifiée, la culture biologique est quand même mise en application. Également, tous les soins viticoles sont prodigués manuellement, même l'arrosage avec la bouillie bordelaise composée de cuivre et de chaux et qui sert de fongicide. « Chaque plant est traité manuellement, nous dit John Antony. Ils sont heureux, et je constate qu'ils sont plus énergiques lorsqu'ils sont cultivés biologiquement. » À l'instar de certains vignobles dans les Côtes du Rhône, en Italie et en Espagne, la conduite de la vigne est en forme de gobelet* et elle s'étale jusqu'à deux mètres en hauteur, attachée à un poteau avec une corde et non un fil métallisé.

Les vignes sont entourées d'une clôture pour empêcher les chevreuils et les ratons laveurs de se gaver de raisins.

CARNET DE VINIFICATION

Le vin de glace est le vin phare de la maison. Tous les vins élaborés sont issus de raisins qui viennent à 100 % de la propriété. Pour le vin blanc sec, les vendanges ont lieu en octobre. Pour le vin de glace, on cueille les raisins sur les vignes fin novembre et en décembre, à deux moments de la journée, soit vers quatre heures du matin puis au coucher du soleil. Ce processus de vendange confère plus de caractère au vin de glace parce que les raisins cueillis sont complètement gelés.

Les grappes entières sont pressées dans un pressoir hydraulique et la fermentation a lieu en cuves en acier inoxydable. Le vieillissement en cuves peut durer de deux à trois ans et permet au vin de bien mûrir avant sa mise en bouteilles.

Dans la salle de dégustation, cette fresque du peintre Marek Latzman rappelle le temps des vendanges durant la Renaissance.

239

240

241

*D'inspiration européenne,
la propriété abrite l'un des plus
spectaculaires celliers du Québec et un
magnifique étang qui accueille
joliment les derniers rangs de
vignes en terrasses.*

NOTES DE DÉGUSTATION

Tous ces vins de dessert peuvent se déguster seuls ou accompagner savoureusement une entrée de foie gras, une sélection de fromages âgés ainsi que des desserts peu sucrés.

VIN DE GLACE VIDAL
Ce vin de dessert révèle de riches arômes de fruits tropicaux, une grande profondeur et des saveurs rondes en bouche.

VIN DE GLACE GEISENHEIM
Aux notes prononcées de pêche au miel. Parfumé de fruits aromatiques avec un soupçon de caramel. La saveur se situe entre le riesling et le muscat. Vin non filtré, ce qui lui confère plus de goût et de finesse lors de la dégustation.

VIN DOUX NATUREL
Vin rouge fortifié, que l'on peut servir comme apéritif ou comme digestif. Cinq ans de vieillissement en fûts de chêne permettent le développement de son caractère velouté et agréable, avec une présence fruitée et une finale ronde.

John Anthony cueille les raisins gelés du gewurstraminer qui serviront à élaborer le vin de glace.

243

Grâce à son environnement spectaculaire, la propriété est réputée pour les célébrations de mariages.

MÉMO • CHAPELLE STE-AGNÈS

Vignoble le plus méridional au Québec, exceptionnel pour la qualité de ses vins de glace, mais aussi pour l'originalité de son panorama viticole.

La visite du cellier d'influence médiévale qui comprend quatre étages souterrains est un must. Envoûtant, spectaculaire, et d'une belle réussite architecturale, ce souterrain abrite les salles de presse, de fermentation, de vieillissement et de dégustation.

S'il y avait un prix pour l'aménagement vinicole, la Chapelle Ste-Agnès gagnerait certainement quelques lauriers au même titre que ses vins de glace qui furent lauréat des concours Decanter et IWSC (International Wine & Spirit Competition) à Londres.

Visite guidée sur réservation • Location pour événements privés
Du 14 juin à la fin d'octobre : mercredi et dimanche, visite guidée à 13 h 30 sans réservation, ni minimum de personnes.
Ouvert à l'année pour les groupes, sur réservation seulement.

35) ABERCORN (321 HABITANTS)

Charmant hameau fondé en 1929 qui porte le nom d'un duché écossais. Situé à 10 km au sud de Sutton, Abercorn peut être rejoint par la route 139. La Boulangerie Abercorn est bien connue, même du lointain voisinage, pour ses pains et ses biscuits assortis.
• 15, rue Thibault Nord
Tél. : 450 538-6453

37) AU DIABLE VERT

Situé au cœur des Appalaches, ce centre d'hébergement et de sport en montagne est un site de 200 acres exceptionnel notamment pour sa vue à couper le souffle sur la vallée de la rivière Missisquoi. Plusieurs formules sont à votre disposition : le camping, l'auberge ou le refuge, sans oublier toutes les activités offertes qui plairont tant aux aventuriers qu'aux plus oisifs d'entre vous. Idéal pour une fin de semaine en pleine nature !
• 169, chemin Staines, Glen Sutton, Tél.: 450 538-5639
www.audiablevert.qc.ca

36) LA RIVIÈRE MISSISQUOI

Longue de 150 km, la Missisquoi prend sa source au lac d'Argent à Eastman, traverse l'autoroute 10 et continue son parcours jusqu'au sud de Mansonville. De là, elle traverse la frontière américaine au Vermont et coule sur encore 80 km. On dit que les Abénaquis empruntaient ce cours d'eau pour se rendre sur leurs terres en Nouvelle-Angleterre. Cette rivière est si prisée par les kayakistes que certaines excursions se font au clair de lune quand la nuit est douce et lumineuse.

CURIOSITÉS *du coin*

38) CANOË ET CO

Guide de montagne, François Turcotte organise des excursions de canoë et de kayak et loue aussi des embarcations. Son emplacement sur la rivière Missisquoi n'est pas facile à repérer, mais en suivant les instructions, on y parvient. À partir de Sutton, prenez le chemin Scenic et, en passant, admirez la vue panoramique sur la campagne. En continuant votre chemin, dépassez l'entrée du domaine vinicole Chapelle Ste-Agnès. Puis, au stop, en bifurquant vers l'est, vous vous engagez sur la route 105. Lorsque vous apercevez le chemin Bridge, tournez à droite et après le petit pont, prenez à gauche sur le chemin Burnett. Continuez sur une route qui devient terreuse. À gauche, une enseigne annonce Canoë et Co. S'y rendre en valait la peine, car le paysage est bucolique.

• 1121, chemin Burnett, Glen Sutton, Tél. : 450 538-4052

PLEIN AIR INTIMISTE

Une adresse incontournable où Joy et Stephen Giesler organisent des activités sportives en plus d'offrir la couette, le déjeuner et la table du soir dans une ancienne école qu'ils ont rénovée. Tennis, vélo de randonnée, ski, raquette, kayak de mer et même danse sociale sont au programme. Plusieurs possibilités d'accommodements plus que raisonnables et très confortables jusque dans les moindres détails. • 1351, chemin de la Vallée-Missisquoi, Glen Sutton, Tél. : 450 538-5816 www.outdoorlodge.ca

39) DÉTOUR EXQUIS !

Même s'il ne fait pas partie de Brome-Missisquoi, un petit détour vers le village de Mansonville nous mène dans ce bistro bien connu des cyclistes, des randonneurs et des skieurs. On y

trouve de délicieux pains artisanaux, une épicerie fine, mais aussi des plats de type *comfort food* à manger sur place ou à emporter. Une enseigne de bon goût. • Boulangerie Owl's Bread, 229A, rue Principale, Mansonville Tél. : 450 292-3088, www.owlsbread.com

VIGNOBLE DOMAINE BRESEE

VIGNOBLE DOMAINE BRESEE
www.vignobledomainebresee.com

A u départ de Sutton, en suivant la route 215 nord pendant 5 km, un charmant hameau se profile à l'angle du chemin Draper. On aperçoit, à droite, de jolies maisons de style loyaliste et, vers la gauche, d'impressionnantes rangées de vignes enherbées parfaitement alignées. C'est ici qu'œuvre et habite la famille Bresee, dont l'origine lointaine est dite hugue-note. Lors de notre visite, une partie de la famille est représentée par le grand-père Winston, son fils Richard et sa belle-fille Stacey, entourés de leurs quatre en-fants. C'est une histoire de famille, née du désir et de la vision à long terme du jeune cultivateur Richard, qui a pris le risque d'investir dans un vignoble, qui compte aujourd'hui 15 500 pieds de vigne sur 7 hectares.

RICHARD BRESEE
Vigneron

Déjà éleveur de bœufs charolais, mais devenu propriétaire en 1999 d'un ma-gnifique champ qui surplombe une douce vallée, Richard, fils de l'agriculteur Winston Bresee, a décidé contre l'avis d'autres agronomes de s'adon-ner à la viticulture en 2001. En suivant des cours avec l'œnologue Jean-Paul Martin à Saint-Césaire, il était surtout convaincu que cette nouvelle initiative allait com-plémenter son éleva-ge de bêtes à cornes. « Je voulais m'adon-ner à une deuxième culture, ajoute-t-il. Même si mon terrain présentait un coteau bien pentu, mon but premier était de vendre des raisins et non de devenir vigneron. » En se laissant prendre à la viticulture, il vit heureux en symbiose avec ses vignes et ses 80 têtes de bétail.

VIGNOBLE DOMAINE BRESEE
303, chemin Draper
Sutton
Tél. : 450 538-3303

CÉPAGES CULTIVÉS

BLANCS
VIDAL
SAINT-PÉPIN
VANDAL-CLICHE

255

ROUGES
SEYVAL NOIR
GAMAY
SAINTE-CROIX

256

NOTES VITICOLES

Plantées sur deux collines au sol graveleux et sableux, les vignes du Domaine Bresee sont enherbées entre leurs rangs, ce qui facilite le travail du vigneron et évite également l'érosion. Richard Bresee essaie de s'adonner à une agriculture aussi naturelle que possible en utilisant le moins de produits chimiques. Quand une intervention s'avère nécessaire pour combattre la présence de fongus dans le vignoble, il applique parcimonieusement du soufre.

Même si la température est de 4 °C plus élevée sur les collines du vignoble qu'au village de Sutton, les Bresee ont compris qu'il fallait protéger les vignes contre les froids hivernaux. Les cépages tels le vidal, le seyval noir et le gamay sont recouverts de foin, tandis que le saint-pépin est protégé avec une toile géotextile.

257

Par contre, pour combattre le gel qui sévit au printemps et à l'automne, Richard a installé une éolienne au milieu des vignes. Dès que la température atteint 4 °C au sol, le système de ventilation part automatiquement afin de récupérer l'air chaud à 35 pieds et de le mélanger à l'air frais du sol. « Cette technique nous aide à éviter le gel du printemps qui fait flétrir les bourgeons, ajoute Richard. Elle permet également de repousser la période de gel à l'automne et de prolonger la période de maturité des raisins. »

CARNET DE VINIFICATION

Dans le chai, il y a plus de 18 cuves fabriquées à Saint-Césaire. Comptant plus de 12 000 plants, le sainte-croix est le cépage de prédilection du vignoble. Avec ce raisin rouge, on élabore un vin blanc en récupérant uniquement la première goutte lors d'un pressurage très doux. Quant au rosé, il est élaboré à partir d'un second pressurage plus intense avec les baies entières et les rafles. Une partie du pressurage servira à produire le rouge, dont un vieilli en cuves en inox et l'autre en fûts de chêne (les têtes en bois français et les douelles* en chêne américain qui provient du Missouri).

Le vin doux rouge est élaboré à partir de raisins qu'on transfère dans le fouloir-égrappoir d'où on récupère les pelures et les noyaux. La balance du moût servira pour ce vin doux rouge volumineux et tannique.

Les derniers-nés sont un vin blanc demi-sec issu des 1500 pieds de vigne de saint-pépin et le vin de glace, élaboré à partir du vidal.

258

C'est une histoire de famille, née du désir et de la vision à long terme du jeune cultivateur Richard, qui a pris le risque d'investir dans un vignoble, qui compte aujourd'hui 15 500 pieds de vigne sur 7 hectares.

NOTES DE DÉGUSTATION

BRESSOC

Robe aux reflets rosés. Nez léger et fin aux notes florales de jasmin et de melon. Sec et vif au palais, il développe des flaveurs d'agrumes et de zeste de citron. Son acidité marquée laisse une légère amertume en fin de bouche. À servir comme apéritif ou avec des repas légers.

ROSÉ NESSA

D'une couleur franche rappelant la framboise, sa robe offre une belle brillance. Très aromatique, ce vin exhale des arômes de fraise et de canneberge. Sec, mais souple, il a une certaine longueur en bouche et nous laisse sur des notes de fleurs et de lavande. À déguster à l'heure de l'apéritif ou avec des entrées de style tapas.

CUVÉE MACKENZIE-PARKER

D'un grenat profond avec des reflets orangés, ce vin boisé s'ouvre sur des arômes de fruits noirs compotés et de fleurs. Ses tanins méritent une bonne décantation afin de se fondre et de nous offrir une saveur plus ronde. En harmonie avec des viandes de gibier.

BRESSOC

Couleur limpide de cerise noire. On suggère qu'il soit mis en carafe pour dégager ses arômes boisés plus fins, accompagnés de cerise confite et d'une touche de poivre. Gouleyant et court en bouche, il nous laisse sur des notes de poivron vert. Accompagne les plats mijotés ou les grillades de viande rouge.

260

MÉMO • DOMAINE BRESEE

Vignoble très familial offrant un joli panorama sur une nature calme, loin des routes principales.

Une invitation particulière est lancée aux amateurs de truites arc-en-ciel et mouchetées à venir les nourrir dans un étang à proximité des vignes. D'autre part, les passionnés de raquette et de ski de fond peuvent parcourir les sentiers balisés du domaine.

Également, il y a un point de vente du bœuf charolais élevé par la famille Bresee à proximité du vignoble. Avis aux fervents de bœuf biologique : celui-ci n'a reçu ni hormone ni antibiotiques. Un cinq étoiles tendre et savoureux !

Visite guidée sur réservation • Aire de pique-nique
Juillet à novembre : mercredi au dimanche, de 10 h à 18 h
Décembre à juin : vendredi et samedi, de 11 h à 17 h; sur réservation la semaine

261

40) SUTTON
(3805 HABITANTS)

Les Loyalistes se sont établis à Sutton en 1799. La fondation de ce village en 1800 précède la création du canton éponyme en 1802. Cependant, la véritable consécration de Sutton comme ville n'a eu lieu qu'en 1962. Depuis les dernières décennies, cet agréable patelin aux allures victoriennes exhale un dynamisme incroyable. Il y règne une sorte d'effervescence artistique étant donné la multitude d'artistes et de galeristes qui, attirés par le charme et la beauté de l'endroit, s'y sont installés. On y respecte la tradition et les techniques de fabrication artisanale, et on remarque que les nombreux commerçants locaux privilégient le travail personnel et raffiné des artisans. Ainsi, les boutiques, les ateliers d'artistes, les boulangeries, les pâtisseries et les bonnes tables pullulent. À souligner : le très riche héritage de bâtiments historiques qui peuvent être découverts grâce à un circuit patrimonial au cœur du village ! • Pour plus d'information et pour obtenir des brochures : Bureau d'information touristique, 11B, rue Principale Sud, Tél. : 450 538-8455 ou 1 800 565-8455, www.sutton.ca

262

LA SALLE DE SPECTACLE ALEC ET GÉRARD PELLETIER

Au cœur du village de Sutton, cette salle présente annuellement 150 activités et performances scéniques de la région. La programmation impressionne par le large éventail de spectacles proposés, allant de la magie au ciné-cabaret, en plus des ateliers portant sur les arts de la scène. Une belle contribution au bouillonnement culturel de Sutton ! 4C, rue Maple, Tél. : 450 538-0486 www.salleagpelletier.com

MUSÉE THÉMATIQUE DE SUTTON

Ce musée se spécialise sur l'histoire de Sutton, plus précisément sur les liens entre les habitants de la région et les moyens de communication et leur évolution. Plusieurs documents inédits d'archives sont disponibles, et le musée organise annuellement plusieurs expositions pour mettre en relief des aspects historiques plus précis. Des services de recherche et des programmes éducatifs ont également été mis sur pied pour les plus passionnés. • 30A, rue Principale Sud Tél. : 450 538-3222

CURIOSITÉS
du coin

263

LES MONTS SUTTON

Situé à moins d'une heure et demie de Montréal, le massif des monts Sutton fait honneur à la chaîne des Appalaches. Étant situé sur l'une des montagnes les plus prisées de la région, la station de ski Mont Sutton attire chaque année des milliers d'amateurs de ski et de planche à neige, qui viennent profiter des descentes et du somptueux panorama. Accessible également l'été, sa station Au Diable Vert permet les randonnées pédestres et les circuits de vélo. Une excellente façon de découvrir un autre versant de la montagne ! Mont Sutton, 671, rue Maple, Tél. : 450 538-2545 www.montsutton.com

COUPS DE CŒUR

La rumeur veut que ce soit le meilleur restaurant en ville. Le chef et propriétaire Christian Beaulieu offre une gastronomie sans prétention, juste et savoureusement de bon goût, et qui n'est pas trop gourmande pour votre portefeuille. Il fait également un beau clin d'œil à quelques vins de la région.

- **Bistro Beaux Lieux**
19, rue Principale Nord
Tél. : 450 538-1444
www.bistrobeauxlieux.com

Sympathique bistro au menu simple, où sont offerts d'excellents cafés, servis sur la terrasse en été.

- **Cafetier de Sutton**
9, rue Principale Nord
Tél. : 450 538-7333

Boutique aux accessoires de cuisine éclectiques, épicerie fine et, dans l'arrière-boutique, un traiteur aux recettes peu communes.

- **Atelier Bouffe**
14, rue Principale Sud
Tél. : 450 538-2766

Pour une fine cuisine aux saveurs italiennes, un restaurant discret, raffiné et loin des rumeurs de la ville.

- **Il Duetto**
227, chemin Élie
Tél. : 450 538-8239

Ce gîte vaut ses cinq étoiles avec l'étendue de sa vue, ses chambres inspirantes et ses forfaits diversifiés.

- **Le Domaine Tomali-Maniatyn,** 337, chemin Maple
Tél. : 450 538-6605
www.maniatyn.com

- Pour obtenir des renseignements sur d'autres types d'hébergement, consultez le site www.infosutton.com.

264

DOMAINE LES BROME

DOMAINE LES BROME
www.domainelesbrome.com

17

É talé sur une superficie de 20 hectares avec une production annuelle qui s'élève à plus de 50 000 bouteilles de vin, ce pittoresque vignoble abrite également sur son territoire une érablière plus que centenaire.

Profitant d'un microclimat, les vignes défilent en coteaux face au lac Brome. Grâce à la configuration des montagnes du côté nord-ouest, elles jouissent d'une importante régulation thermique. Pourquoi Léon Courville a-t-il choisi le Québec, alors qu'il aurait pu s'installer à l'étranger, sur des terroirs moins ingrats ? Sans hésitation, il répond : « J'aime profondément le Québec et même si le défi était de taille, j'adore travailler dans la nature, avec un produit et une culture d'exception. » Il en est tellement convaincu que, dans le journal *La Presse* du 29 octobre 2009, il s'est invité à la table des Québécois en disant : « Le Québec dans notre assiette... et dans nos verres aussi. »

LÉON COURVILLE
Vigneron.

Ex-président de la Banque Nationale du Canada et ex professeur à HEC Montréal, l'économiste Léon Courville réalise en 1999 son rêve de devenir vigneron, en fondant le Domaine Les Brome. Intellectuel avant tout, Léon Courville est aussi un épicurien qui affectionne la gastronomie, le vin, la lecture et la musique. « Ce métier de vigneron me passionne. J'aime profiter du calme et de la beauté champêtre. Le vin est avant tout un produit de plaisir et de convivialité », dit-il. Secondé par Jean-Paul Martin, œnologue d'origine bourguignonne, il s'adonne à des recherches et des études viticoles très poussées. Pour cet amoureux du Québec, c'est un défi de taille, mais il est récompensé par le succès de ses vins.

DOMAINE LES BROME
285, chemin Brome
Lac-Brome
Tél. : 450 242-2665

CÉPAGES CULTIVÉS

BLANCS
VIDAL
GEISENHEIM
SEYVAL BLANC
RIESLING
SAINT-PÉPIN

268

ROUGES
SEYVAL NOIR
PINOT NOIR
MARÉCHAL FOCH
DE CHAUNAC
BACO NOIR
CABERNET FRANC

269

LA ROUTE DES VINS • 144

NOTES VITICOLES

Le sol du Domaine Les Brome, légèrement limoneux et très grave-leux, avec une sous-couche d'argile, s'avère très fertile pour la viti-culture. Contrairement à d'autres vignerons québécois, Léon Cour-ville ne bute pas ses vignes hybrides* l'hiver, mais les entoure plutôt de paille pour les protéger. Il a toujours refusé ce buttage qu'il consi-dère comme un coup de poing à la vigne. De plus, la présence de ces millions de cailloux dans le sol rendrait l'opération hasardeuse. Et comme il n'a pas à charcuter la terre pour le buttage, il peut procé-der pendant la saison estivale à l'enherbement des rangs, qui permet d'absorber l'humidité, et par le fait même de diminuer sensiblement les traitements chimiques contre les parasites et les moisissures.

Au début de septembre, il recouvre entièrement le vignoble de filets pour protéger les raisins des oiseaux gourmands. La maturité des raisins s'avère très importante pour la qua-lité des vins, et les premiè-res vendanges ne débutent pas avant le mois d'octobre. Léon Courville fait l'envie de tout vigneron grâce au mi-croclimat qui fait alterner dans son vignoble des jour-

270

nées chaudes et des nuits fraîches. Animé par un esprit philosophi-que et sage, Courville a compris qu'au Québec, on ne parle pas de température, mais qu'on la subit. Il reconnaît que les pluies d'autom-ne nuisent plus au vignoble que le froid hivernal.

CARNET DE VINIFICATION

La vinification au Domaine Les Brome se déroule dans les règles de l'art les plus modernes et les plus sophistiquées. Les raisins de la récolte sont d'abord égrappés. Une table de tri permet d'éliminer les impuretés. Les raisins sélectionnés sont transférés dans les cuves de macération* par gravité et sans pompage. Toutes les cuves de macération sont thermorégulées* par ordinateur pour assurer les températures appropriées. Conçues dans le village québécois de Saint-Césaire, les cuves de vieillissement et de traitement sont carrées, ce qui ajoute 26 % de volume additionnel par pied carré et réduit les coûts de chauffage et de climatisation. Plus important encore, les cuves carrées peuvent varier en taille et se superposer, ce qui permet de traiter le vin par gravité et de réduire les pompages*. Le Domaine Les Brome s'adonne ainsi à des vinifications parcellaires et des essais de microvinification*. Plus de la moitié des vins du Domaine Les Brome séjournent dans des fûts de chêne qui proviennent autant des États-Unis, de Hongrie que de France. Ici, on ne pratique pas l'extraction*, ni le microbullage*.

Une partie de ces textes a été publiée dans la revue Effervescence en 2008.

Les raisins du seyval sont déposés dans l'égrappoir pour retirer les rafles. Ensuite, ils sont étalés sur une table de tri afin de soutirer les impuretés. Puis, ils seront pressés et mis en cuve pour la fermentatioan.

« Ce métier de vigneron me passionne. J'aime profiter du calme et de la beauté champêtre. Le vin est avant tout un produit de plaisir et de convivialité. » Léon Courville

NOTES DE DÉGUSTATION

RÉSERVE ST-PÉPIN

Blanc aux arômes de miel, de fleurs blanches et de fruits exotiques. Soyeux, tout en finesse, sa longueur en bouche est étonnante. À servir avec du poisson, des viandes blanches et des fromages.

RÉSERVE VIDAL

Ce blanc présente des notes de truffe, de fleurs blanches et de pain grillé ainsi que des saveurs minérales. Accompagne les fruits de mer, les viandes blanches à la crème, ainsi que les fromages à pâte cuite et pressée. (Code SAQ : 10919707)

VIDAL

Vin blanc fruité et minéral qui charme par sa fraîcheur. À servir comme apéritif ou pour accompagner les plats orientaux, les pâtes aux herbes, les rillettes ou le foie gras. (Code SAQ : 10522540)

CUVÉE CHARLOTTE

Blanc aux notes florales, minérales et légèrement boisées. Bouche ample et vive avec des saveurs de poire et de tangerine. Servir avec des mets asiatiques, des fruits de mer et des poissons grillés. (Code SAQ : 11106661)

CUVÉE RIESLING

Blanc aux arômes de miel et de fleurs et aux saveurs de brioche grillée, de fruit et de vanille. Bouche moelleuse et fraîche acidité. Il accompagne bien les poissons, le porc, le veau et les fromages à pâte mi-ferme.

PÉCHÉ

Rosé élaboré avec du seyval et du maréchal foch. Arômes de fraise, de cerise et de cassis, et bouche légèrement tannique et très fruitée. Servir comme apéritif ou avec vos mets estivaux préférés.

DÉTENTE

Rosé frais et sucré avec des effluves de framboise et de fraise. Vin rafraîchissant et vif. Accompagne les brochettes, les pâtes au pistou et les salades niçoises.

RÉSERVE BACO

Rouge au nez de boîte à cigares et d'épices agrémenté de cerises noires et de thé noir. Complexité en bouche. Vieilli en fûts de chêne, tanins ronds et fermes. Délicieux avec des plats en sauce ou mijotés.

BACO

Rouge qui présente des notes d'épices, de fruits et de fleurs séchées. En bouche, saveurs de viande et d'épices. Le servir avec des grillades et du gibier.

RÉSERVE DE CHAUNAC

Rouge au nez empyreumatique* d'épices, de réglisse, de cerise noire. Attaque vive et enrobante dans le palais. Le mettre en carafe une heure avant de le servir avec du bœuf rôti ou des plats italiens.

CUVÉE JULIEN

Rouge offrant des arômes de fruits rouges et de tanins de raisins, avec des saveurs de fruits rouges et des notes d'épices et une longueur en bouche. Idéal avec des pâtes relevées, des viandes rouges et des grillades. (Code SAQ : 10680118)

VIDAL VIN DE GLACE

Parfum de noix, d'épices et de miel. En bouche, des saveurs de fruits confits. Pas trop sucré, mais avec une pointe d'acidité. Harmonieux avec le foie gras et les desserts chauds comme la tarte Tatin. (Code SAQ : 10919731)

VIDAL VIN DE GLACE FÛTS DE CHÊNE

Belle couleur ambrée. Arômes de pâtisserie et de fruits exotiques. Saveur ronde et notes florales avec une belle longueur. Accompagne les desserts chauds, les vieux cheddars, les gruyères ou le parmesan et le foie gras.

MÉMO • DOMAINE LES BROME

Premier domaine à avoir élaboré du vin blanc avec le cépage rustique saint-pépin, créé à l'Université du Minnesota.

Des vignes qui ondulent sur les coteaux, on a une vue spectaculaire sur le lac Brome. Le design du chai est aussi impressionnant que la qualité des vins, lauréats de plusieurs concours.

L'étiquette des vins de réserve est l'œuvre de l'artiste peintre Isabelle Coiteux et celles des vins rosés Péché et Détente sont peintes respectivement par les artistes Diane Piché Gagné et Lucas Stowe.

La boutique de dégustation de vins offre également des saucisses préparées à partir de bœuf Salers, élevé au vignoble et entièrement biologique. Également, de délicieux produits biologiques dérivés de l'érable sont disponibles.

Visite guidée sur réservation • Salle de réception
Mai à octobre : tous les jours, de 11 h à 18 h
Novembre à avril : samedi et dimanche, de 11 h à 18 h, et lundi et vendredi sur rendez-vous

275 276 277

41) KNOWLTON (5645 HABITANTS)

Fondé en 1821, Knowlton, l'un des plus beaux hameaux du Québec, fait maintenant partie de la ville de Lac-Brome. Bordé par cette majestueuse et peu profonde étendue d'eau de cinq kilomètres de diamètre, ce village historique se démarque par le style victorien de ses maisons, ses magnifiques jardins, ses sentiers pédestres et ses boutiques colorées. www.knowltonquebec.ca

MUSÉE HISTORIQUE DU COMTÉ DE BROME

Inspirant musée à Knowlton. Pour les férus d'histoire, il présente, entre autres, la reconstitution d'un magasin général, d'une cour de justice et d'un des trois bimoteurs utilisés lors de la Première Guerre mondiale. D'autres artefacts retracent la présence d'Amérindiens et de Loyalistes dans la région. Ouvert de la mi-mai jusqu'en août.
• 130, rue Lakeside, Tél. : 450 243-6782
http://www.townshipsheritage.com/fr/org/musee/brome.html

278

GALERIE KNOWLTON

Exposant plus de 70 artistes, cette galerie s'est construit une solide réputation grâce à des œuvres provenant de champs créatifs aussi diversifiés que la peinture, la sculpture, la photographie, la joaillerie, etc. Située dans une jolie demeure, elle saura combler tant les amateurs que les spécialistes d'art. Entrée libre.
• 49, rue Victoria,
Tél. : 450 242-1666
www.galerieknowlton.com

LES TRÉSORS DOMESTIQUES DE FLANAGAN

Manque d'exotisme ou de fantaisie dans vos denrées alimentaires ou vos produits de nettoyage ? Le magasin général J. L. Flanagan, ouvert depuis 1896, saura combler vos désirs. Comptez une heure pour épier de haut en bas ses comptoirs où vous tergiverserez entre la sélection de denrées locales et internationales.
• 39, rue Victoria
Tél. : 450 243-6480

279

CURIOSITÉS *du coin*

280

MARINA KNOWLTON

Situé sur le côté sud du lac Brome et édifié à la fin du 19ᵉ siècle, le *boathouse* permet aux marins d'eau douce d'y amarrer leur bateau. Sa jolie terrasse est devenue le lieu de rendez-vous des villageois et des touristes qui jouissent d'un agréable panorama et d'une cuisine familiale.
• 78, rue Benoît
Tél. : 450 243-5453
www.marinaknowlton.com

LE PARC COLDBROOK

Au cœur du village, ce parc demeure un endroit incontournable. Le ruisseau Coldbrook et sa petite chute sont inspirants pour les photographes. Ici, le passé et le présent s'entrecroisent pour créer un lieu charmant et pittoresque.

PLAGE DOUGLASS

À deux pas du village, la plage Douglass possède tous les atouts d'un endroit familial : belle étendue de sable naturelle, baignade sécuritaire, tables de pique-nique, cantine, terrain de volley-ball, sentiers pédestres et parc de stationnement payant. Entrée libre pour la plage.
• 215, chemin Lakeside, Tél. · 450 242-2020

LA ROUTE DES VINS • 149

CIRCUITS PÉDESTRE ET MOTORISÉ

Au cœur du village, un circuit à pied permet de découvrir sur quelques kilomètres une vingtaine de bâtiments, révélateurs du patrimoine, lieux de légendes et de faits amusants. Les églises, l'hôtel de ville et l'ancien palais de justice sont quelques-uns des monuments à voir. Quant au circuit « Lac-Brome en automobile », il propose une visite de dix belles demeures historiques. Pour plus d'information et des brochures sur ces circuits :
• Chambre de commerce de Lac-Brome
255C, chemin Knowlton
Tél · 450 242-2870 ou 1 877 242-2870
www.cclacbrome.com

281

CAFÉ BISTRO L'ÉPICURIEUX

Dans ce décor théâtral, on s'attable pour la fraîcheur du menu aux saveurs méditerranéennes, la carte des vins locaux et européens, mais aussi pour l'accueil de ses hôtes, Carole et Zaven. Jolie terrasse qui surplombe le Mill Pound. Ouvert toute l'année du mercredi au dimanche. • 231, chemin Knowlton
Tél. : 450 242-1310

282

AGUR GALERIE-RESTAURANT

Ce concept tout à fait innovateur allie l'art contemporain, avec des œuvres de 30 artistes, et un menu aux subtilités gastronomiques. Cuisine préparée avec originalité, simplicité et fraîcheur. Spectacles et concerts sont au calendrier, et un service de traiteur est offert. • 339, chemin Knowlton, Tél. : 450 243-0145
www.agurgalerie.com

VIVE LE MARCHÉ EN PLEIN AIR !

Ouvert tous les samedis de juin à octobre, de 8 h 30 à 12 h 30, le marché public de Knowlton offre de nombreuses victuailles locales. Produits fins, purs et frais sont au rendez-vous, avec en prime la jovialité des marchands.
• 48, rue Maple, www.ampq.ca

LE CANARD DÉCHAÎNÉ !

Spécialiste du canard, cette épicerie fine offre une gamme de produits de ce volatile, qu'il soit frais, surgelé, précuit ou prêt à manger. Recettes et objets cadeaux raviront vos sens.
• Boutique Gourmet de Canards du Lac Brome, 40, chemin Centre, Knowlton
Tél. : 450 242-3825, poste 221
www.canardsdulacbrome.com

42) LE PANIER CHAMPÊTRE

Cette boutique pour gourmets offre différents produits, de fabrication locale ou importés, qui suscitent la curiosité ou font de superbes cadeaux à offrir.
• 4, chemin du Mont-Écho Lac-Brome,
Tél. : 450 242-2758
www.lepaniercham petre.com

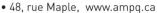

CURIOSITÉS
du coin

286

LAVANDE D'ICI

Avec ses champs de lavande longeant les rives d'un étang, la boutique Joie de Lavande a tout d'un endroit féerique. Les propriétaires, Alison et Christopher Marks, ont aménagé les lieux pour faire vivre une expérience sensorielle. Produits pour le corps disponibles, ainsi qu'une toute nouvelle crème glacée à la lavande !
• 50, chemin du Mont-Écho Tél. : 450 243-5438
www.joiedelavande.ca

AUBERGES RECOMMANDÉES

Auberge Knowlton
www.aubergeknowlton.ca

Auberge Lakeview Inn
www.aubergelakeviewinn.com

Auberge Quilliams
www.aubergequilliams.com

Auberge & Spa West Brome
www.awb.ca

Auberge du Joli Vent
www.aubergedujolivent.com

Hébergement touristique Le Cyprès
www.lecypres.ca

THÉÂTRE LAC BROME

Fort de ses 25 ans d'existence, ce théâtre d'été propose au cours de la saison cinq représentations en langue anglaise. Voulant refléter notre diversité culturelle, le théâtre présente régulièrement des pièces traduites d'auteurs bien connus, tels Michel Tremblay et Michel-Marc Bouchard.
• 9, chemin du Mont-Écho Lac-Brome, Tél. : 450 242-2270
www.theatrelacbrome.ca

287

43) JARDINS LAC BROME

Avec ses quelque 3000 variétés, ce jardin d'hémérocalles est le plus grand de tout l'est du Canada. Entrée libre. Également, des cours et des conférences sur des techniques d'hybridation et d'horticulture ainsi que des visites guidées sont offerts.
• 2612, chemin du Mont-Écho
Tél. : 450 243-1528
www.hemerocallesjardinslacbrome.com

LEXIQUE

Acide malique : acide présent naturellement dans le raisin et faisant partie d'un processus chimique de transformation du vin rouge en acide lactique, qui réduit l'acidité et stabilise le vin.

Baguette : branche de vigne qui reste après une taille.

Bâtonnage : remise en suspension des lies dans le vin à l'aide d'un bâton.

Bilan carbone : outil de comptabilisation des émissions de gaz à effet de serre.

Biodynamie : méthode de culture basée sur la philosophie de Rudolph Steiner et qui utilise des produits naturels suivant un rythme cosmique.

Bouillie bordelaise : fongicide à base de cuivre appliqué sur les vignes pour les protéger du mildiou.

Brut : classification d'un mousseux ou d'un champagne qui contient moins de 15 g de sucre par litre.

Buttage : action de recouvrir de terre les ceps de vigne pour les protéger du gel.

Cabernet franc : cépage rouge cultivé en Aquitaine et dans le Val de Loire.

Capsule à vis : bouchon à vis adopté par plusieurs domaines vinicoles.

Cep : pied de vigne.

Cépage : variété de vigne.

Clarification : méthode visant à clarifier un vin trouble, souvent par filtration.

Collage : ajout d'une protéine pour la clarification du vin.

Cryoconcentration : technique qui consiste à cueillir le fruit très mûr et à le conserver au froid. Une fois pressé, le jus sera mis en contact avec un froid intense extérieur pour être cristallisé.

Cryoextraction : technique qui consiste à cueillir dans l'arbre le fruit congelé, dont les sucres sont concentrés, pour le presser par la suite.

Débourbage : action de clarifier le moût avant la fermentation en éliminant les débris solides du raisin et les autres particules indésirables.

Débourrement : période où se développent les bourgeons.

Débuttage : dégagement des ceps recouverts de terre.

Demeter : certification européenne de l'agriculture biodynamique qui est en relation avec l'Association de biodynamie du Québec.

Désherbage : action d'enlever les herbes entre les rangs de vigne.

Douelle : planche longitudinale d'un tonneau.

Dura-Club : club-conseil en agroenvironnement, administré bénévolement par une dizaine de producteurs agricoles.

Ecocert : organisme qui contrôle et certifie la production agroalimentaire biologique.

Effeuillage : méthode qui consiste à enlever les feuilles de la vigne afin de laisser passer la lumière et de favoriser une meilleure maturation des grappes.

Égrappage ou éraflage : action de séparer les raisins de la rafle.

Élevage : étape primordiale entre la fermentation et la mise en bouteilles pour amener le vin à sa qualité optimale.

Empyreumatique : qui a trait à des arômes de fumée dont l'origine vient du fût.

Enherbement : tapis de verdure entretenu entre les vignes.

Extraction : méthode visant à extraire la couleur et les arômes pendant la macération des raisins.

Fermentation alcoolique : le jus devient du vin après la transformation du sucre en alcool grâce à l'action des levures naturelles.

Fermentation malolactique : transformation de l'acide malique rêche en acide lactique souple, ce qui a pour effet de réduire l'acidité du vin.

Fortifié (vin) : vin muté à l'alcool en cours de fermentation.

Foulage : écrasement des raisins sous leur propre poids ou mécaniquement.

Fouloir-égrappoir : machine qui permet d'écraser le raisin et en même temps de séparer la baie des rafles (branches d'une grappe).

Gobelet : type de taille de la vigne en forme de cône renversé, sans palissage, populaire en Méditerranée.

Guyot : type de taille de la vigne avec un ou deux sarments arc-boutés, créé par le Français Jules Guyot vers 1860.

Hybride : croisement entre deux cépages.

Hybride rustique : croisement de vignes, souvent européennes et américaines, qui sont résistantes au froid et aux maladies.

Lutte raisonnée : utilisation raisonnée de produits chimiques pour lutter contre les maladies de la vigne.

Macération : procédé qui laisse en contact le jus et le marc (rafles, pépins, peaux de raisin).

Macération carbonique : méthode de vinification particulière où la fermentation alcoolique se fait à partir de grappes entières et intactes, non égrappées, non foulées, déposées dans une cuve fermée contenant du gaz carbonique. La fermentation se déroule à l'intérieur de chaque grain grâce à des enzymes.

Maître de chai : celui qui s'occupe de la production et de l'élevage du vin.

Méthode traditionnelle : se dit d'un mousseux qui suit les méthodes d'élaboration du champagne avec la prise de mousse en bouteille à partir d'une deuxième fermentation.

Microbullage : technique qui vient de Madiran (France) et qui consiste à injecter de l'oxygène dans la cuve de fermentation pour assouplir les tanins.

Microvinification : petite vinification souvent à l'état expérimental.

Mildiou : moisissure causée par des champignons qui provoquent des dégâts par temps frais et pluvieux, surtout sur les grappes.

Mistelle : boisson alcoolisée sucrée obtenue par un mélange de jus de raisin ou d'autres fruits non fermentés et d'alcool.

Moût : jus qui vient du foulage (écrasement) du raisin.

Paille (vin de) : vin liquoreux élaboré à partir de raisins séchés sur des nattes de paille ou de bois avant d'être pressés.

Palisser : action d'attacher une vigne à un support.

Passerillage : technique de séchage des raisins sur des nattes de paille ou en bois afin d'obtenir une concentration de sucre.

Pigeage : technique manuelle ou mécanique qui consiste à mélanger dans la cuve la partie liquide du moût avec la partie solide du marc afin d'extraire le maximum des raisins.

Pompage : action de pomper.

Pressurage : action de presser les raisins.

Rafle : branche qui supporte les raisins sur une grappe.

Remontage : technique qui fait remonter le vin dans la cuve et permet une meilleure extraction.

Rosé de saignée : après une courte macération des raisins et quand on juge que la couleur est bonne, on soutire le jus de la cuve, qu'on appelle vin de saignée.

Sarment : rameau qui pousse au printemps sur la vigne.

Soutirage : méthode qui vise à éliminer les particules déposées au fond des contenants et éventuellement à aérer le vin en le sortant de la cuve ou de la barrique.

Terroir : en terme viticole, il réunit un ensemble d'éléments caractérisés par le lieu géographique, les particularités du sol, le climat et les conditions culturelles.

Thermorégulé : contrôle de la température des cuves de vinification.

Torréfaction : qui a trait au brûlage du café.

Torréfié : qui a subi une torréfaction.

Vendange tardive : récolte des raisins en surmaturité, afin d'élaborer des vins doux et moelleux.

Véraison : moment de maturité des raisins.

Vigne hybride : croisement de vignes en général issues de cépages européens et américains.

Vigne rustique : vigne résistante au froid dont plusieurs ont été créées à l'Université du Minnesota.

Vin de goutte : jus obtenu des raisins égouttés naturellement sans qu'on les presse.

Vin de presse : obtenu du marc après le pressurage.

Vin fortifié : vin dont on a muté le moût avec de l'alcool.

Vinicole : relatif à la viniculture, soit la production du vin. Relatif à la vinification, soit la transformation du jus de raisin en vin.

Vinification : transformation du jus de raisin en vin.

Viticole : relatif à la viticulture, soit la culture des raisins de la vigne.

Vitis riparia : espèce de vigne hybride issue de croisements franco-américains, adaptée à la rigueur des pays nordiques.

Vitis vinifera : type de vignes cultivées dans le monde, à l'origine de très nombreux cépages (chardonnay, pinot noir, cabernet sauvignon, merlot). C'est l'espèce la mieux adaptée pour la vinification.

Vitivinicole : qualitatif qui se rapporte à la fois au vignoble et au chai.

288

LES AMIS DE LA ROUTE DES VINS

Regroupés autour des 17 vignobles, Les Amis de la Route des vins viennent compléter et agrémenter votre tournée vinicole. Répertoriés par l'enseigne ci-jointe, tous ces artisans professionnels avec leur gamme de services vous réserveront un accueil chaleureux dans les municipalités de Brome-Missisquoi.

1. FARNHAM
Agrotourisme
Fromagerie des Cantons
441, boulevard Normandie Nord
Tél. : 450 293-2498

Hébergement
Auberge
Le Pigeonnier
701, rue Principale Ouest
Tél. : 1 877 366-6685
www.lepigeonnier.qc.ca

Vignoble
Vignoble Les Pervenches
150, chemin Boulais
Tél. : 450 293-8311
www.lespervenches.com

Plein air
Marché public
313, rue de l'Hôtel-de-Ville
Tél. : 450 293-3178, poste 313
www.ville.farnham.qc.ca

2. STANBRIDGE EAST
Vignoble
Domaine de l'Ardennais
158, chemin Ridge
Tél. : 450 248-0597
www.vignobledelardennais.com

Culture
Galerie Relais des arts
5, rue River
Tél. : 514 249-5837
www.relaisdesarts.com

Musée Missisquoi
2, rue River
Tél. : 450 248-3153
www.museemissisquoi.ca

Windsor Heritage
17A, chemin North
Tél. : 450 248-3692
www.windsorheritage.com

3. SAINT-ARMAND
Vignoble
Domaine du Ridge
205, chemin Ridge
Tél. : 450 248-3987
www.domaineduridge.com

Restaurant
Bistro Traiteur
Le 8e Ciel
193, avenue Champlain
Philipsburg (Saint-Amand)
Tél. : 450 248-0412
www.le8iemeciel.com

4. SAINTE-SABINE
Hébergement
Camping Caravelle
180, rang de la Gare Sainte-Sabine
Tél. : 450 293-7637
www.campingquebec.com/caravelle

5. DUNHAM
Agrotourisme
Agrifruit
4057, chemin Selby
Tél. : 1 888 305-7638
www.agrifruit.ca

Bleuetière Benoît
2676, chemin Vail
Tél. : 450 295-2326
www.bleuetierebenoit.qc.ca

Chocolats Colombe
116, rang Casimir Ange-Gardien
Tél. : 450 293-0129
www.chocolatscolombe.com

Cidrerie Fleurs de Pommier
1047, rue Bruce (route 202)
Tél. : 450 295-2223
www.fleursdepommier.ca

La Rumeur Affamée
3809, rue Principale
Tél. : 450 295-2399

Laperle et son boulanger
3746, rue Principale
Tél. : 450 295-2068

Le Terroir
3115, rue Principale
Tél. : 450 295-3266

Hébergement
Auberge Aux Douces Heures
110, rue du Collège
Tél. : 1 877 295-2476

Restaurants
Homei Bistro & Café
3809, rue Principale
Tél. : 450 284-0522

Restaurant Le Tire-Bouchon de l'Orpailleur
1086, rue Bruce (route 202)
Tél. : 450 295-2763
www.orpailleur.ca

Vignobles
Vignoble Clos Ste-Croix
3734, rue Principale
Tél. : 450 295-3281
www.closstecroix.ca

Vignoble de l'Orpailleur
1086, rue Bruce (route 202)
Tél. : 450 295-2763
www.orpailleur.ca

Domaine des Côtes d'Ardoise
879, rue Bruce (route 202)
Tél. : 450 295-2020
www.cotesdardoise.com

Vignoble Gagliano
1046, rue Bruce (route 202)
Tél. : 450 295-3503
www.vignoblegagliano.com

Vignoble Les Trois Clochers
341, rue Bruce (route 202)
Tél. : 450 295-2034

Vignoble
Val Caudalies
4921, rue Principale
Tél. : 450 295-2333
www.valcaudalies.com

6. FRELIGHSBURG
Agrotourisme
Domaine Pinnacle
150, chemin Richford
Tél. : 450 298-1226
www.domainepinacle.om

La Ferme du Wapiti
50, chemin des Bouleaux
Tél. : 450 298-5335
www.lafermeduwapiti.com

La Girondine
104, route 237 Sud
Tél. : 450 298-5206
www.lagirondine.ca

Miel Millette
61, rue Principale
Tél. : 450 298-5297

Hébergement
Camping des chutes Hunter
18, chemin des Chutes
Tél. : 450 298-5005
www.campingdeschuteshunter.com

Au chant de l'Onde
6, rue de l'Église
Tél. : 450 298-5676
www.auchantdelonde.ca

Vignoble
Vignoble Clos Saragnat
100, chemin Richford
Tél. : 450 298-1444
www.saragnat.com

Culture
Cœur Nomade
4, rue de l'Église
Tél. : 450 298-8282

7. COWANSVILLE
Agrotourisme
La mie bretonne
511, rue du Sud
Tél. : 450 955-1500
www.lamiebretonne.com

Vignoble
Vignoble Les Diurnes
205, montée Lebeau
Tél. : 450 263-1526
www.vignobleslesdiurnes.ca

Restaurant
Bistro La Fine Gueule
300, rue Principale
Tél. : 450 260-1176

Culture
Galerie Rouge – art contemporain
2-126, rue Principale
Tél. : 450 815-0551
www.galerierouge.ca

Musée Bruck
225, rue Principale
Tél. : 450 266-4058

Boutique
Librairie Cowansville
533, rue Du Sud
Tél. : 450 263-0888

289

8. BRIGHAM
Agrotourisme
Bleuetière Les Delisle
1110, chemin Nord
Tél. : 450 263-4556
www.bleuetiereles
delisle.ca

Vignobles
Vignoble de la Bauge
155, avenue des
Érables
Tél. : 450 266-2149
www.labauge.com

Domaine Vitis
1095, chemin Nord
Tél. : 450 263-4988
www.domainevitis.
com

Vignoble La Mission
1044, boulevard
Pierre-Laporte
Tél. : 450 263 1524
www.vignoble-lamis
sion.com

9. BROMONT
Agrotourisme
La maison Oléa –
Savonnerie Olivier
582, rue Shefford
Tél. : 450 534-0567

Musée du Chocolat
679, rue Shefford
Tél. : 450 534-3893
www.museeducho
colatdebromont.ca

Hébergement
Auberge-Spa Le
Madrigal
48, boulevard de
Bromont
Tél. : 450 534 3588
www.lemadrigal.ca

Balnéa Spa
319, chemin du
Lac-Gale
Tél. : 450 534-0604
www.balnea.ca

Camping parc
Bromont
24, rue Lafontaine
Tél. : 450 534-2712
www.campingbro
mont.com

Château Bromont
90, rue Stanstead
Tél. : 450 534-3433
www.chateaubro
mont.com

Condotels Bromont
1000, rue du
Violoneux
Tél. : 450 726-0575
www.condotelsbro
mont.com

Le St-Martin Bromont
111, boulevard du
Carrefour
Tél. : 450 534-0044
www.lestmartin
bromont.com

Motel Bromont
229, boulevard de
Bromont
Tél. : 450 534-9999
www.motelbromont.
com

Restaurant
Auberge-Spa Le
Madrigal
46, boulevard de
Bromont
Tél. : 450 534-3588
www.lemadrigal.ca

Culture
Galerie Berick
172, chemin
d'Adamsville
Tél. : 450 266-0602
www.meublesgalerie
berick.com

Plein air
Ski Bromont
150, rue Champlain
Tél. : 450 534-2200
www.skibromont.com

10. SUTTON
Agrotourisme
Le Domaine Perdu
940, chemin Dyer
Tél. : 450 538-0369
www.le-domaine-
perdu.com

Hébergement
Chalets Bonhomme
de Neige
133, chemin des
Perdrix
Tél. : 450 538-4340
www.bonhomme
deneige.ca

Hébergement Sutton
10, rue Principale
Nord
Tél. : 450 538-2646
www.hebergement
sutton.ca

Hôtels et Condo Le
Montagnard
264, rue Maple
Tél. : 1 888 538-9966
www.montagnard.
qc.ca

Les Caprices de
Victoria
63, rue Principale
Nord
Tél. : 450 538-1551
www.capricesdevic
toria.qc.ca

Restaurant
Auberge des
Appalaches
234, rue Maple
450 538-5799
www.auberge-appala
ches.com

Vignobles
Vignoble Chapelle
Ste-Agnès
2565, chemin Scenic
Tél. : 450 538-0303
www.vindeglace.com

Vignoble Domaine
Bresee
303, chemin Draper
Tél. : 450 538-3303
www.vignobledo
mainebresee.com

Plein air
Au Diable Vert
169, chemin Staines
Glen Sutton
Tél. : 450 538-5639
www.audiablevert.
qc.ca

Mont Sutton
671, rue Maple
Tél. : 1 866 538-2545
www.montsutton.com

Canoë & Co.
1121, chemin Burnett
Glen Sutton
Tél. : 450 538-4052

11. LAC-BROME
Agrotourisme
Boutique Canards du
Lac Brome
40, chemin Centre
Tél. : 450 242-3825
www.canardsdulac
brome.com

Hébergement
Auberge du Joli Vent
667, chemin Bondville
Tél. : 450 243-4272
www.aubergedujo
livent.com

Auberge Knowlton
286, chemin Knowlton
Tél. : 450 242-6886
www.aubergek
nowlton.ca

Gîte Symphonie no 7
B&B 7, rue Maple
Tél. : 450 242-1277
www.symphonieno7
.com

Le Cyprès
592, chemin Lakeside
Tél. : 450 243-0363
www.lecypres.ca

Vignoble
Vignoble Domaine Les
Brome
285 chemin Brome
Tél. : 450 242-2665
www.domaineles
brome.com

Restaurants
Auberge et Spa West
Brome
128, route 139
Tél. : 1 888 902-7663
www.awb.ca

Auberge du Joli Vent
667, chemin Bondville
Tél. : 450 243-4272
www.aubergedujo
livent.com

Auberge Knowlton –
Le Relais
286, chemin Knowlton
Tél. : 450 242-6886
www.aubergeknowl
ton.ca

Auberge
Lakeview Inn
50, rue Victoria
Tél. : 1 800 661-6183
www.aubergelake
viewinn.com

Auberge Quilliams
572, chemin Lakeside
Tél. : 1 888 922-0404
www.auberge
quilliams.com

Culture
Galerie Knowlton
49, rue Victoria
Tél. : 450 242-1666
www.galerieknowl
ton.com

Boutique
Camlen
110, chemin Lakeside
Tél. : 450 243-5785
www.camlen.ca

ADRESSES UTILES

LA ROUTE DES VINS
www.laroutedesvins.ca

TOURISME BROME-MISSISQUOI
Pour en connaître plus sur les galeries d'art et les musées, les ateliers d'artistes et d'artisans, le patrimoine et les spectacles, les circuits à vélo, le taxi-vélo, les randonnées pédestres, le plein air, les activités nautiques, le ski, l'hébergement et les spas, les boutiques, les restaurants, les cafés, les bars, les traiteurs, etc., consultez le site www.tourismebm.qc.ca

TOURISME CANTONS-DE-L'EST
Renseignements généraux sur la région
www.cantonsdelest.com
1 800 355-5755

Tour des arts
Plus de 40 artisans vous invitent dans leur atelier en juillet.
Ouverts à l'année sur rendez-vous.
Pour connaître les dates de cet événement, consultez le site www.tourdesarts.com

Circuit patrimonial
Société historique du comté de Brome et circuits patrimoniaux
www.qahn.org ou www.quebecheritageweb.com

Chemin des Cantons
Une autre façon de découvrir le patrimoine historique de Brome-Missisquoi est de sillonner le Chemin des Cantons en consultant le site www.chemindescantons.qc.ca

Campings à Frelighsburg
La Forêt de Freli, www.laforetdefreli.com ;
Camping des Chutes Hunter, www.campingdeschuteshunter.com ;
Camping écologique, www.guidecamping.ca

Ouvrages à consulter :
Carnets de Brome-Missisquoi, Monique Vermette, France Gagnon et Stéphane Lemardelé, MRC. Une édition fantastique publiée en 2007 pour découvrir le patrimoine historique, culturel et architectural de la région. Disponible chez certains marchands de la région.

Guide des vignobles du Québec sur la route des vins, Jean-Marie Dubois et Laurent Deshaies, publié en 1997 et qui raconte dans les moindres détails les débuts de la vitiviniculture au Québec. Disponible sans doute à votre bibliothèque.

Les 100 meilleurs vins à moins de 25 $, Jean Aubry, Les Éditions Transcontinental. Consultez le chapitre sur les vins du Québec, pages 44 à 59.

290

Le Club de Golf Château Bromont

Pour les mordus de golf

Centre du golf Bedford
Tél. : 450 248-0280

Club de golf Cowansville
www.golfcowansville.com

Club de golf Farnham
www.farnhamgolf.com

Club de golf Inverness
www.golf-inverness.com

Club de golf Knowlton
www.accesgolf.com

Club de golf lac Brome
www.golflacbrome.com

Club de golf
Parcours du Vieux Village
www.golfduvieuxvillage.ca

Golf et Auberge les Rochers
Bleus (Sutton)
www.lesrochersbleus.ca

Golf par 3 (Sutton)
www.legolfquebecois.com

Le Club de Golf Château
Bromont
www.chateaubromont.com

Le Golf des lacs (Bromont)
www.legolfdeslacs.com

Le Royal Bromont
www.leroyalbromont.com